日本語プロフィシェンシー研究

Journal of the Japanese Association of Language Proficiency

第 12 号
2024.7

日本語プロフィシェンシー研究学会
Japanese Association of Language Proficiency

JN118754

にほんごの
凡人社
BONJINSHA

日本語プロフィシェンシー研究　第12号

目次

特集　日本語を聴き解く力のために

まえがき

学会誌編集委員会

　当学会誌は、魅力的な学会誌を目指し前号11号より定期的な特集を組むこととしました。前号では、これまで盛んに進められてきた「話す」「書く」といった産出に関わる研究ではなく、読む力に注目し、特集テーマを「日本語を読み解く力のために」としました。前号の特集に寄せられた各論考では、読み解く力が受容する力であっても決して受身的なものではなく、能動的な力であることが示されていました。

　本特集においても、同じく受容する力である「聴き解く力」に注目します。この聴き解く力も読み解く力と同じように、「聞く力」そのものを直接観察するのは難しいです。そのため指導方法についても、まだ試行錯誤の部分もあるようです。またこれまで、これら2つの力の違いとして、聴き解く力は、読み解く力と異なり、即時的な応答が求められるという点があるとされてきました。このような違いもあってか、2021年にまとめられた「日本語教育の参照枠」においても「話すこと」は、「発表」と「やりとり」に分けられています。「やりとり」では当然のことですが、話し手自らも聞き手になります。また「やりとり」の中では、聞き返すという行為が必要となることもあります。この点では、確かに「読む―書く」という行為と「聞く―話す」は少し異なるところもあるように思われます。しかしながら、最近ではSNSやチャットなどによる即時的なやりとりが行われることも多く、4つの技能で分けるという考え方も曖昧になってきているのではないでしょうか。

　このような新しい枠組みを感じさせられるなか組まれた本特集には、4名の方々の「聴き解く力」に関わる論考が含まれます。前半には、教育の実際場面を踏まえた研究を、そして、後半にはデータを中心に分析を進めた論考を配置しています。各論考は、「聴き解く力」がどのようなストラテジーに支えられているもので、どのように向上させていくことができるのか、また「聴き解く力」と表裏一体である「話す」能力とは、どのように関わり合うかといった、考えてみるとまだよくわかっていなかったのではないかと思われることが議論されています。

　横山氏は、聴解能力を支えるストラテジーを整理し、それぞれのストラテジーの指導に

おいて必要な要素について述べています。また、天気予報が「聞く」ものではなく、「見る」ものになったことなどを取り上げ、「聞く」という行為が行われる場面そのものを考えていく必要性を主張しています。

　山森氏は、「聴き取る力」をどのように養っていくのかを考えるにあたって、日本語学習者が実際に「聞く」ことを必要とする場面で聞いて理解し、必要な行動がとれる力の程度を「聞く」プロフィシェンシーとしています。この位置付けのもと、実際に遭遇する可能性のある場面において、日本語学習者自らが当事者となれる聴解教材のあり方について述べています。続く野田氏も指摘するように難しさが感じられる聴解指導について、新たなアイデアを考えうる論考となっています。

　横山氏、山森氏の論考に続く野田氏とボイクマン氏・根本氏の論考は、それぞれデータをもとに聴き取る力にせまった論考です。

　野田氏は、会話教育に比べ、聴解教育では具体的な聴解技術が教えられているとは言えないことを指摘し、日本語を「聴き取る」にあたって、どのような困難に日本語学習者が直面するのかをコーパスのデータを中心に言語単位別に分析し、またその困難を乗り越える際に、どのような推測がなされていると考えられるのかについて考察しています。実際に指導する際、目の前の日本語学習者がどのような点に難しさを感じているのかを考えることができるのではないでしょうか。

　ボイクマン氏・根本氏は、語学教育でリスニング能力の向上に資するとされるシャドーイングタスクの可能性について論じています。シャドーイングでは、聴き取ったことを即座に発することが求められますが、このシャドーイングタスクにおいて、どのような能力を測ることができるのかを考察しています。また、シャドーイングで測られる能力が「話す」能力とも関連することが述べられています。

　11号に続く今回の特集においても、「聴き解く力」という受容面の力をどう捉えるかについて、さまざまな視点を提供してくれるものとなっています。本誌を手に取ってくださった皆様が、プロフィシェンシーの拡がりについてさらに考えることができる機会となることを願っています。

　最後に特集への寄稿依頼に快く応じてくださった執筆者の皆様には、改めて心より厚く御礼申し上げます。

　　　　　　　　　　　　　　　　　　　　　　　　　　　　　（文責　立部文崇）

聴解のプロフィシェンシーを育てる

―研究概観からの指針―

横山紀子 (元・昭和女子大学)

要旨

　本稿では、聴解のプロフィシェンシーを育てるための指導と評価について、これまでの研究を概観することを通してその指針を考える。第1章「はじめに」に続く第2章「聴解過程と聴解ストラテジー」では、まず、聴解過程とはどのようなものか、また、その過程で生じている現象に注目した研究を概観する。また、聴解過程で用いられるストラテジーを巡る諸研究から、主要なストラテジーを確認し、有効と考えられるストラテジー使用について、さらにストラテジー指導の効果について概観する。第3章「聴解能力の測定と評価」では、大規模テストが直面するディレンマおよび課題について、音声テキストとタスクの両観点から概観する。最後に、第4章「聴解のプロフィシェンシーを育てる指導と評価」では、教室における指導と評価が大規模テストの課題を補完し、十全なプロフィシェンシーを育てるための指針について考察する。

キーワード：聴解のプロフィシェンシー、研究概観、聴解過程、聴解ストラテジー、測定と評価

Developing listening proficiency:

Guidelines from research overviews

Noriko Yokoyama (Formerly at Showa Women's University)

Abstract

　This paper provides the guidelines for instruction and assessment to develop listening proficiency through an overview of previous research. Chapter 2 considers what listening processes are, and reviews research on listening processes, as well as research on listening strategies. Chapter 3 reviews the dilemmas and challenges large-scale language tests face, both in terms of spoken text and tasks. Finally, Chapter 4 discusses how classroom instruction and assessment should complement the challenges of large-scale testing and foster listening proficiency.

Keywords: listening proficiency, research overview, listening process, listening strategy, assessment

1. はじめに

　本稿では、聴解のプロフィシェンシーを育てるための指導と評価について、これまでの研究を概観することを通してその指針を考える。第2章では、まず、聴解過程とはどのようなものか、Vandergrift and Goh (2012) の図式を引用し、その過程で生じている現象に注目した研究を概観する。また、聴解過程で作動するストラテジーを巡る諸研究から、主要なストラテジーを確認し、有効と考えられるストラテジー使用について、さらにストラテジー指導の効果について概観する。第3章では、測定と評価をテーマに、統括的評価の代表として大規模テストが直面するディレンマおよび課題について、音声テキストとタスクの両観点から概観する。最後に、第4章では、教室における指導と評価が大規模テストの課題を補完し、十全なプロフィシェンシーを育てるための指針について考察する。なお、本稿は、2021年6月に行われた第107回第2言語習得研究会 (関東) における講演「4技能のシンデレラを救え！－第2言語聴解能力の習得・評価・指導をめぐる研究－」を基に、その後発表された研究を加え、また教室における指導と評価に重点を置いて加筆したものである。

2. 聴解過程と聴解ストラテジー

2.1 聴解過程

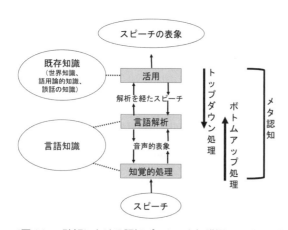

　　　　まず、聴き手はどのように聴いているか、その過程について見ていく。図1は、第2言語の聴解過程を図式で示したVandergrift and Goh (2012) のモデルである。外から入ってきた「スピーチ」(音声) が「スピーチの表象」として頭の中に描かれるまでの過程が図下方から上方に向けて示されている。そ

<図1>　聴解における認知プロセスと知識源 (Vandergrift & Goh 2012, 27) (本稿筆者和訳)

の過程で経る「知覚的処理」(perception：音声が記憶に保持される過程)、「言語解析」(parsing：言語が解析を経て意味のある心的表象を形成する過程)、「活用」(utilization：言語解析で形成された心的表象が既有知識と関連づけられる過程) は、いずれも第1言語の聴解過程と共通の概念である。図の左側には、知覚的処理と言語解析で使われる「言語知識」、スピーチを文脈に即した話し手の意図として理解する際に使われる「既存知識」が配されている。3つの段階間に両方向の矢印が配されているように、実際の認知過程では、一旦活用段階に達した理解を既存知識と照合した結果、再び言語知識に照らして言語解析にかける等、段階間を往来しながら理解を進めていく。図の右側には、既存知識を用いる活用の段階で働く「トップダウン処理」、言語知識を用いる言語解析と知覚的処理の段階で働く「ボトムアップ処理」の作用が矢印で示されている。また、聴解過程のあらゆる段階において、自らの聴解過程を俯瞰的に監視し管理する能力とされる「メタ認知」が関与することが示されている。聴き手の聴解上の問題やストラテジーを用いた解決は、すべてこの図式上のどこかで起こっていることになる。聴解過程に関わる研究は多数あるが、以下では、中でも示唆に富むと思われる研究2点を取り上げ、それらの研究が示した現象を上記の図式に当てはめながら考察する。

　まず、Tsui and Fullilove (1998) は、トップダウン処理とボトムアップ処理のどちらが聴解力識別にとって重要な要因であるかを課題として行われた調査の結果をまとめたものである。香港の大規模試験177項目を対象に約2万人分の解答をデータとし、テキスト・タイプを独話ニュース原稿に統一した上で、以下のような分析を行った。テキストの冒頭部分で活性化されたスキーマが後続のテキスト内容と合致するか否かによって、テスト項目を「スキーマ合致タイプの設問」(トップダウン処理に依拠した解答が可能な設問) と「スキーマ不一致タイプの設問」(トップダウン処理のみに依拠すると誤答してしまう設問) に分け、それぞれのタイプに合致するテスト項目の正答状況を各受験者の総合得点との関係から分析した。その結果、「スキーマ不一致タイプの設問」の正答者は「スキーマ合致タイプの設問」の正答者よりも全体正答率が高く、トップダウン処理のみに依拠せず、ボトムアップ処理を補完的に使うことの重要性が示された。

　Field (2008a) は、学習者の聴解処理における精度を機能語と内容語で比較するため、多様な母語の中級英語学習者を対象に、次のような調査を行った。音声テキストを聞く途中にポーズを設け、ポーズ直前の4-5語を書き出させる調査である。書き出されるべき語には、内容語と機能語 (前置詞や冠詞等) がほぼ同数含まれていたが、正しく再生された語の率に

おいて内容語が機能語より明らかに勝っており、その事実は母語の違いや英語熟達度の違いに関わらず認められたという。即時処理を余儀なくされる聴解では、学習者にとってすべての語の言語解析が叶わない以上、限られた注意資源を向けるべき対象として内容語が優先されることは、テキスト理解を進める上では然るべきことである。Field (2008a) は、そのことを是認した上で、機能語に注意が向けられなければ機能語の用法がインテイクされずに終わってしまうことを指摘し、機能語を意識して聞く練習が必要だとしている。

　以上の2つの研究が示唆することを図1に当てはめて考えてみる。学習者はその聴解過程において、言語知識を用いる知覚的処理や言語解析に不足がある場合、既存知識を用いた活用段階の処理で理解を補正している。上述の2つの研究は、いずれもこの補正方策に依拠しすぎることに警告を発し、ボトムアップ処理の重要性を示唆している。この点は、注目すべきこととして、第4章で再び取り上げたい。一方、以下の節では、理解を補正して聴く処理過程について、ストラテジーという観点から掘り下げて検討する。

2.2　聴解のストラテジー

　言語資源の不足を補う方策としての聴解ストラテジーは、一方向的聴解 (non-interactive listening) と双方向的聴解 (interactive listening) に分けて考えることができる。

2.2.1　一方向的聴解 (non-interactive listening) のストラテジー

　一方向的聴解とは、人と対面して直接話を聴くのではなく、録音された音声を聴くことである。一方向的聴解において学習者がどのようなストラテジーを使って聴いているのかを調べた研究としては、パイオニア的位置づけのO'Malley et al. (1989) を始め、Vandergrift (1996 等)、Goh (2002) 等多数あり、音声テキストを聴いた際の回顧的口頭報告やダイアリー等をデータとして、聴解過程を探っている。各研究とも多様なストラテジーを抽出しており、そのリストには異同もあるが、一定のストラテジーは共通して取り上げられている。

　第2言語聴解過程に関する研究を概観した沈 (2021) は、上述の研究を含む7件の研究が抽出したストラテジーを比較検討し、どの研究においても特定される代表的なストラテジーとして以下を挙げている。まず、メタ認知レベルで働くストラテジーとしては、「計画」「モニター」「評価」がある。一般的な業務遂行において用いられるPDCAサイクル（計画・実行・評価・改善）と同様、図1に示される聴解過程全般にわたって仮説検証型プロセスを循環させて理解を管理するストラテジーである。次に、理解を達成するための具体的な操作として

用いられる認知ストラテジーとしては、「推測」「精緻化」がある。馴染みのない言葉の意味を「推測」することにおいても、自らの理解を「精緻化」することにおいても、その手がかりとして用いられるのは既存知識（先行テキストから得た情報を含む）であり、言語知識の不足から生じた問題を既存知識の活用によって解決しようとするストラテジーである。

2.2.2　双方向的聴解 (interactive listening) のストラテジー

　録音の聴解ではなく、話し手と直接のやりとりが可能な状態における聴解を双方向的聴解 (interactive listening) と呼ぶ。双方向的聴解は、日常生活の中心的位置を占めるにもかかわらず、一般的な言語教育や言語テストにおいて取り上げられることは少なく、そのことに危機感を表明しつつ双方向的聴解に焦点を当てた研究としては、Rost and Ross (1991)、Vandergrift (1997)、Xiaoxian and Yan (2010)、横山 (2008) 等がある。Xiaoxian and Yan (2010) は、Rost and Ross (1991) およびVandergrift (1997) を踏まえた上で、双方向的聴解のストラテジー・リストを提示している。以下にその概要を示す。

　　　Continuation signal：話し手に話を継続してよいという信号を送る。

　　　Hypothesis testing：話し手の先行発話において理解した内容 (仮説) を検証するために質問する。

　　　Forward inference：話し手の発話から理解した情報について聴き手の現時点での理解を示すために質問する。

　　　Globel reprise：話し手の先行発話の一部について繰り返しを求める。

　　　Local/Specific reprise：先行発話中の理解できなかった語や表現について繰り返しを求める。

　　　Kinesics：動作や表情等、非言語によって明確化の必要性を伝える。

　　　Recalling：話し手の発話内容を解釈するために発話の一部を繰り返したり呟いたりする。

　　　Non-understanding：言語あるいは非言語によって理解できていないことを話し手に知らせる。

聴き手が上記のようなストラテジーを用い、自らの理解の状況について、理解できなかったことや誤解を含めて、率直に話し手に伝えることで、理解は補正・補強される。また、聴き

手の理解の程度が話し手に伝わることで、話し手がより平易な話し方をするようになる等、後続のインプットにも影響が及ぶ。双方向的聴解のストラテジーについては、指導における有効性に着目して、第4章で再び取り上げる。

2.2.3 ストラテジー使用と運用力発達との関係

　聴解に限らず、ストラテジーの研究は、「よい学習者」の観察から始まったと言われ、「よい学習者」が用いるストラテジーを特定し、それを指導することで学習成果を上げることが期待される。言語能力が概ね同程度の学習者の中で、聴解能力が相対的に高い学習者は、どのようにストラテジーを使っているのだろうか。O'Malley et al. (1989)、Vandergrift (2003)、横山 (2008) 等は、聴解能力が優れた学習者は以下の特徴を持っていると指摘する。①「計画」「モニター」「評価」のメタ認知ストラテジーをよく使う、②トップダウンで推測したことをボトムアップで検証する (或いはその逆)、③モニターを働かせるテキスト範囲が広い。これら①②③は、単独の現象ではなく、相互に密接な関係を持っており、図1に即して考えれば以下のようになろう。すなわち、3段階間に配された両方向の矢印で示される処理を繰り返し、計画したことをモニター、評価によって検証し、検証結果に基づく先行テキストの理解を後続テキストの計画につなげることにより、モニター対象のテキスト範囲を広げていると言える。

　では、①②③のようなストラテジー使用を指導することは可能であり、その成果はあるのだろうか。Thompson and Rubin (1996)、Rost and Ross (1991)、横山 (2008) 等、聴解ストラテジー指導の効果を検証した研究においては、いずれも一定の効果が認められている。その中でRost and Ross (1991) は、「ストラテジー指導が先か、運用力養成が先か」という従来からの課題をテーマにした研究を実施したが、その結果として、次の両側面の実態を示した。まず、運用力の高い学習者は、認知的な余裕があるためにメタ認知ストラテジーを使うことができるという実態があり、この点を重視すれば運用力向上が先決であるという立場は一定程度妥当である。一方、タスクがストラテジー使用を誘発し、相対的に運用力が低い学習者も指導によってストラテジーを用いるようになり、結果として理解が高まるという実態も観察され、その点を重視すればストラテジー指導の有効性も一定程度認められる。

　以上、聴解過程で生じている現象を確認し、言語知識の不足を補う役割を果たすストラテジー使用の実態に関する研究を概観した。また、ストラテジー指導が、万能ではないながらも、聴解能力を牽引したり後押ししたりする役割を果たしていることを確認した。次章で

は、聴解能力の養成に別の観点から影響力を持つ測定と評価について見ていく。

3. 聴解能力の測定と評価

聴解能力に限らず、すべての言語能力、さらに言えば、あらゆる能力は、測定と評価の影響を受けるが、その実態はきわめて複雑である。「測定」は尺度に基づく数値で示されるもので、一般的に得点を返すテストは測定と考えられるが、そのテストが測っている対象により、また尺度の正確さの程度により、測定結果の意味は異なってくる。一方、価値判断を伴う「評価」は、教室内で教師によって示されることが多いが、評価の観点が明確に定められ、学習者と共有されているかどうかについては、不明な場合が少なくない。本章では、まず「測定」を目的とする代表的なテストとして、大規模テストを取り上げて検討する。また、第4章では、教室における「評価」を扱う。

3.1 大規模テストが直面するディレンマと課題

大規模テストの開発・作成においては、多数の受験者とその背景にある社会的ニーズに応えるため、テストの条件とされる信頼性や妥当性、真正性をともに高めるために最大の努力がなされているものと思われる。しかし、信頼性を重視すれば、一定以上の設問数の確保、特定の受験者に不利のない内容、迅速で正確な採点を可能にする形式（多肢選択方式）といった制約を受けることになり、その結果として、本来測るべき能力の範囲が限定され、妥当性や真正性を損なう可能性が否定できない。大規模テストが直面するこのようなディレンマは、当然のことながら、聴解能力の測定においても見られる (横山, 2018)。

聴解テストの研究者として知られるBuck (2001, 195) は、「測定が安定していなければどんな構成概念も測れないという意味で、伝統的に、評価の信頼性は妥当性の前提条件である」（本稿筆者訳）として、信頼性が最優先であることを説明している。また、Buck (2001) は、聴解テストの構成概念を定義する観点として、①言語能力、②ストラテジー能力、③タスクの3点がある中で、大規模テストにおいては、①言語能力を基盤にするのが現実的だろうとする。このことを先に提示した図1に即して解釈すると、テストでは、「活用」段階において既存知識による理解過程が介入すると信頼性が確保できないことから、言語知識を用いる「知覚的処理」および「言語解析」を中心とした測定となると考えられる。この見解自体は妥当だと考えられるが、日常生活で機能すべき聴解のプロフィシェンシーという視点から考えると、大規模テストに課される制約は、波及効果として学習のあり方に少なからぬ

影響を与える。以下では、聴解を構成する二つの要素、すなわち音声テキストとタスクの両観点から、大規模テストが抱える課題を見ていく。

3.2 大規模テストにおける音声テキストに関する課題

　Buck (2001) およびField (2013) は、いずれも英語の大規模テストを包括的に分析・評価しているが、既存テストが用いる音声テキストに対しては、ともに厳しい評価を付している。具体的には、大規模テストが用いる音声テキストにおいては、音声が原稿を読み上げる調子で録音され、自然なポーズや言い淀みが少なく、話者が複数の場合（自然な会話では頻出する）発話の重複が欠けている等の点を指摘している。こうした問題点は、音声テキストが語彙・表現を調整したスクリプトに基づいて録音されることに起因し、大規模テストに限らず、市販教材一般においても見られるものである。

　Wagner and Toth (2014) は、このような音声テキストの課題を取り上げ、スクリプトに基づく録音による聴解をスクリプト無の録音による聴解と比較する実験を行った。スクリプト無のテキストでは、ロールカードを提示し「できるだけ自然に」という指示の下に2人の話者に演じてもらった音声を録音した。一方、その録音の文字化資料をもとに、言い淀みや言い直し、話者2人の発話の重複等、話し言葉特有の特徴を除いたものをスクリプトとして録音した音声をスクリプト有のテキストとした。スペイン語の学習者174人をスクリプト有群とスクリプト無群に分けて実験を行った結果、スクリプト無群の得点が有意に低く、スクリプト無の自然で真正性の高い音声は学習者にとって難易度が高いことが実証された。

　沈・横山 (2023) は、Wagner and Toth (2014) を受け、日本語学習者40人を対象にスクリプトの有無による聴解パフォーマンスを比較し、さらに回顧的口頭報告によるプロトコルをデータに両テキストの聴解過程を比較した。記述式の理解確認テストの結果をスクリプトの有無による両群で比べたところ、スクリプト無群の得点が有意に低く、スクリプト無の聴解が相対的に困難であるという結果はWagner and Toth (2014) と同様であった。加えて、聴解過程を示すプロトコル・データの分析からは、以下のようなことが示された。まず、話速が速く、言い淀みや言い直し、不完全文等が多いスクリプト無の聴解過程では、多くの言語的問題が生じた。しかし、スクリプト無の特徴は、必ずしも常に理解を妨げるわけではなく、感情がこもった音調等豊富なパラ言語的要素が理解を助ける例も多く観察された。また、言語的問題は、「推測」等のストラテジー使用を多くもたらしたが、スクリプト無の聴解過程においては、「推測」を「モニター」に結びつけ、広い範囲に「モニター」を働かせ

ながら「推測」の正誤を検証して聴き進める現象が観察された。スクリプト無に見られたこのような現象は、上述の聴解能力に優れた学習者の特徴と重なり、スクリプト無のテキストの特質がこのような現象を召致した可能性を示唆した。

　大規模テストが用いる音声テキストの多くに視覚的要素がないことについても、多くの研究が取り上げている (Ockey, 2007)。テストに動画・静止画を導入した効果を検証する研究においては、視覚的要素が必ずしも理解を助けるわけではなく、その結果は混合的である。総じて言えば、静止画では（肯定的にも否定的にも）影響が少なく、一方、動画ではその影響は個人差やテキスト内容による異なりが大きいとされる。動画によるテストは、受験者の音声理解以外の能力を測定する部分があることから、大規模テストに用いるには課題が大きい。しかし、現実世界に存在する視覚情報の活用が聴解プロフィシェンシーの重要な一部であることを考えれば、視覚的要素を伴う聴解が指導に欠かせないことは明白である。

3.3　大規模テストにおけるタスクに関する課題

　続いて、聴解を構成するもう一つの要素であるタスクの観点から、大規模テストの課題を見ていく。上述の通り、大規模テストにおいては、受験者にとって解答方法が明白であり、且つテスト実施側にとっては迅速で正確な採点が可能な多肢選択式タスクが用いられるのが一般的である。多肢選択式タスクについては、以下のように複数の問題点が既に指摘されており、その実証も行われている。①偶然に正解してしまう可能性、②選択肢を読む能力や音声で提示された選択肢を記憶する能力が介在すること、③選択肢の内容がテキスト理解に介在すること、④解答ストラテジーの過剰学習を招く望ましくない波及効果等 (Cheng, 2004 等)。以下では、日本語聴解の多肢選択式タスクを記述式タスクと対比して取り上げ、学習者のパフォーマンスと聴解過程を調査したプープィンピュ・横山 (2022) を概観する。

　プープィンピュ・横山 (2022) は、中級レベルの日本語学習者10名を2群に分け、市販のJLPT対策聴解問題集に記載されているN2レベルの選択式タスクと、同問題の選択肢を削除して設問への解答を学習者の母語で書かせる記述式タスクを、各群ともそれぞれ2問ずつ実施した。また、各設問への解答後に、学習者とともにテキストを少しずつ聴き返しながら、学習者には母語による回顧的口頭報告を行ってもらい、解答とともにプロトコルを分析した。分析の結果、選択式タスクでは、選択肢を手がかりにしてテキスト理解を構築する聴解過程が色濃く示された。それに対し、記述式タスクでは、テキストから理解したことを自らの既存知識と照合する聴解過程が示され、その証左として、記述した解答に元のテキスト

にはない語句が含まれる例が多く見られた。元のテキストにはない語句を用いて解答するという現象を図1に当てはめると、学習者が解答に際して既存知識を用い、「活用」段階の認知活動をより活発に行っていたと考えられる。また、記述式タスクでは、学習者が音声を聴きながら自らのスピーチ表象を独力で形成するのに対し、選択式タスクでは、選択肢を見ることによって、音声を聴く前から「スピーチの表象」が形成されていると考えられる。これらのことにより、選択式タスクの聴解過程では、選択肢にある語句や意味をテキストと照合するという「言語解析」を行う一方で、「活用」段階に注力する認知的余裕がなかったことも指摘している。

　以上から、タスクによって聴解過程が異なるということは、タスクによって聴解能力の異なる側面を評価・測定していることが示唆される。他方、聴解能力がもとより多側面的であり、タスク形式による異なりばかりではなく、テキストの個別的特徴によっても、また設問ごとの個別的特徴によっても、正答を得るために必要な能力が異なるという事実も指摘されている (Buck, 1994)。次節では、聴解能力の多側面性を踏まえた上で、聴解能力の測定・評価に係る課題に挑戦する研究を概観する。

3.4　聴解能力の多側面性を踏まえた測定と評価

　Buck and Tatsuoka (1998) は、個別の受験者に診断的フィードバックをすることを目的として、正答に必要な能力要素 (アトリビュート) を抽出するルール・スペース法により、聴解に関わるサブ・スキルは何かを調査した。正答に影響するアトリビュートは多数認められたが、代表的なものとして、正答するために必要な情報 (Necessary Information: NI) が設問文に明示的に示されているかどうか、NI周辺のテキスト量や情報密度はどうか、テキストに基づいた推論が必要か否か等が抽出された。しかし、これらのアトリビュートはどのテストにも一様に出現するものではなく、当該テストに特異な要因であろうと考察し、正答を可能にしているのは、テキストごと・設問ごとに異なる特異な要因であることを指摘した。

　島田他 (2020) は、診断的フィードバックを目的とした日本語聴解認知診断テストを開発した。その際、Buck and Tatsuoka (1998) のように既存のテストを用いてそのアトリビュートを抽出するのではなく、正答に必要なアトリビュートを先に定義してから診断テストを開発することで、適切にアトリビュートの測定ができる認知診断テストの開発を目指した。また、297 名の解答の分析および 13 名の回顧的口頭報告から、アトリビュートおよびテストの改善修正を試みた。解答分析からは、テスト得点が同点の 3 名を比べると、ア

トリビュート習得状況が異なり、それぞれ強い点と弱い点が異なる様子 (たとえば普通体によるスピーチの聴解に強い／弱い等) が観察された。また、回顧的口頭報告により、アトリビュートの修正、テスト項目の削除等を行い、次の段階に向けた改善点が確認された。

　上述のBuck (1994) が述べるように、聴解能力は多側面的であり、テキストが長くなるほど累積的な性質も強く、ある特定の設問に正答する能力がどのような要素から構成されているのかを特定するのは容易なことではない。しかし、聴解能力の判定に測定テストが欠かせない以上、今後、島田他 (2020) のような研究がさらに進むことを期待したい。テストの得点による結果だけでなく、学習者が直面する聴解能力習得上の具体的な課題を特定することができれば、聴解学習を支援する方法においても重要な示唆が得られるはずである。

4. 聴解のプロフィシェンシーを育てる指導と評価

　本章では、第2章および第3章を踏まえた上で、聴解のプロフィシェンシーを育てるために、教室で何をすべきかを考えたい。第3章で見たように、大規模テストには信頼性確保のために妥当性や真正性を犠牲にせざるを得ない側面があり、不自然さを否めない音声テキスト、視覚的要素のない聴解、多肢選択方式による設問等がその代表的なものとして挙げられる。大規模テストの結果が社会的に重要な意味を持つことから、教室における指導も大規模テストを踏襲した方式の練習を行いがちに見受けられる。しかし、教室は大規模テストに課せられる厳しい制約から自由であることを生かし、大規模テストでは望んでも取り上げにくい音声テキストやタスクを中心に扱うことを提言したい。以下では、まず音声テキスト、続いてタスクについて検討し、さらに、プロフィシェンシーのために特に重要だと思われる双方向的聴解を取り上げる。

4.1　自然な音声テキストの導入

　大規模テストや市販教材では、言語レベルを精緻に調整したスクリプトをスタジオで録音した音声テキストを用いることが一般的だが、このような音声テキストには、3.2 で見たように、現実世界で耳にする自然な音声とは異なる点が少なからずある。できるだけ自然な音声を学習者に聴かせたいと思う教師は多いはずだが、市販教材以外の音源を使うことには多くの現実的課題が伴う。試みに周囲の日常会話を録音しようとしても、言語レベルが必ずしも学習者のレベルに合っていないことに加え、さまざまな問題があり、なかなか教室内の使用に堪えるものがない。日常会話には、場面とともに話し手と聞き手の関係性が強く影響

しており、これを共有していない学習者には、理解もしにくく、また興味も持ちにくいものが多い。また、他者同士の会話を無断で録音して使用することが倫理的に許されないことは言うまでもない。テストや市販教材の聴解について、学習者とは無関係である他人同士の会話を傍聴するような設定になっているという批判があるが、傍聴でない音源を用意するためには学習者がその場にいなければならないことになる。以上のような問題を克服した上で、自然な音源を毎回準備することはかなりハードルの高い仕事である。

　日常の音声そのものの録音に代わる方法としては、以下のことが考えられる。まず、対話テキストの場合は、上述のWagner and Toth (2014) 等がしたように、ロールカードを基に協力者に依頼してスクリプトなしで会話を演じてもらう方法がある。素人の演技になってしまう難点はあるにしても、スクリプトなしで行う発話には、言い直しや繰り返し、文末を省略する中途文、2 人の話者の音声の重なり等が含まれ、音声の自然さはかなり確保される。あるいは、ネット上で公開されている音声から、学習者の言語レベルや興味にあったインタビューや対話、講演等を探してもよい。

　教室内に存在する日本語の話し手である教師の発話も、聴解の材料としてもっと活用されてよい。国際交流基金 (2008) が紹介する「質問タイム」という活動は、教師がライブで語る物語やエピソードを少しずつ区切りながら聴き、学習者には区切りの「質問タイム」で質問することを促すものである。この活動については、後続の 4.3 の双方向聴解の節で再度取り上げるが、ここでは、教師の語りを自然な音声で行うという観点から、語る言語を文字にして読み上げることを避けるべきであることだけ記しておく。

　また、大規模テストでは使われない動画を扱えることも教室の重要な利点である。動画は映像の影響が大きく、学習者が音声から理解したのか映像を手がかりに理解したのか不明なことに不安を感じる教師もいるかもしれない。しかし、映像だけを見る、音声だけを聴く、両者を組み合わせる等、多様な聴き方を試行することで、映像のみ・音声のみそれぞれから何が理解できるかを明らかにすることができる (国際交流基金, 2008, 74)。また、学習者自身がその違いを意識することは、学習者の自己評価能力育成にもつながる。また、近年の動画では、字幕の有無や言語についても選択可能な場合が多く、たとえば、①母語の字幕で内容を理解、②字幕なしで目標言語での理解度を自己確認、③目標言語の字幕で細部まで確認する等、複数回の視聴の各回に目標を設けることもできる。

4.2 「学習者が聴けていない」暗部を照らすタスク

　本節では、2.1 で見たボトムアップ処理の重要性について再び考えたい。2.1 では、大規模テストの分析から、トップダウン処理のみに依拠せずボトムアップ処理を補完的に使うことの重要性を指摘したTsui and Fullilove (1998)、学習者が機能語を聴いていないことを指摘したField (2008a) を概観した。テキストの内容を理解するという聴解の主眼から考えれば、トップダウン処理による理解や内容語中心の理解に何ら問題はない。しかし、インプット理解は習得の源泉であるという事実に照らせば、学習者が聴けていない機能語等の詳細部分は、学習者の言語リソースとして産出に使われることがないという重要な事実に行き当たる。言語学習における「聴解」とは、理解することだけではなく、習得につながるインプットを得る活動でもあることを改めて認識したい。

　Field (2008b) は、知覚的処理や言語分析の段階で直面する問題を少なくすることができれば、作業記憶に余裕を残した上で正確な言語分析結果を既存知識と照合することができるとして、ボトムアップ処理のための多様な練習方法を提案している。音素レベルの聞き分け (たとえば、[p]と[b])、接頭辞・接尾辞や動詞の活用形等の音節に注目させる練習、音の融合によって起こる聴き違い (たとえば、the way to cut itとthe waiter cut it) を文脈を手がかりに修復させる練習、スピーチの中で頻繁に使われる慣用句やチャンク (たとえば、フィラーとして使われるDo you know what I mean？) を書き取らせる練習等である。音素レベルのミニマルペアの聴き取りは日本語でも一時期よく用いられたが、重要なことは、あくまでも文脈の中で細部にも注目するということであろう。具体的には、音声を聴く初回から細部に注目させるのではなく、まずは内容理解に主眼をおいたタスクを行い、内容理解が確認された後の聴解で、学習者が聴けていなかったと思われる細部を確認するという手順がよいと考えられる。たとえば、数回の聴解を通して内容理解が済んだ後で、機能語を中心に空白を設けたスクリプトを配布し、スクリプトの空白を埋めてから再度音声を聴いて自らの解答の正誤を確認させるといった活動は、教師にとって準備の手間も少なく有効な活動である。背景知識を活用し、予測・推測を積極的に用いる聴解活動は、聴解の本筋として変わることなく認識されるべきだが、内容理解に留まらず、理解を達成した後にテキスト細部に注目させる活動は、聴解を習得につなげるために重要なプロセスだと考える。

4.3 「双方向聴解」導入の重要性

　本節では、言語生活においては重要な位置を占めながらテストや指導で取り上げられる

ことが少ない「双方向聴解」を取り上げる。2.2.2 で概観したXiaoxian and Yan (2010) が示すストラテジーのリストに見られるように、双方向聴解の基本は、理解の状況を話し手に示すこと、また、重要部分が理解できなかった時には話し手に質問することである。

　上述のような双方向聴解を練習する設定として第一に考えられるのは、1 対1 あるいは少人数での対面場面である。こうした設定が可能であれば、教師が話し手になり、聴き手となる学習者に理解状況を表明させたり、質問させたりすればよい。一方、少人数とは言えないクラスでは、学習者同士をペアやグループにし、一人を話し手に、残りの学習者を聴き手として行う方法でも十分効果的な練習になる。以下に、練習方法を述べる。

　話し手となる学習者には、他の学習者が知らない物語やエピソード等を予め準備させておく。この役割は順次交代すれば、全ての学習者が聴き手役を経験することができる。一方、聴き手としてのふるまい (専門的には「ストラテジー」と言われる行為) も予め学習者に教え、少し練習しておく。学習者は、おそらく母語では双方向聴解ストラテジーを自然に使用していると思われるが、その重要性に気づいていなかったり、あるいは日本語ではどのように言ったらいいのかわからなかったり、知ってはいてもそれがすぐ口をついて出てくるほどには習熟していない。そこで、話し手の発話が理解できていることを示す発話として、「ええ」「はい」の他、驚き、納得、共感等を示す発話として「へえ、そうなんですかぁ」「なるほど」「へえ、おもしろいですねぇ」等、相手の発話に関心を示すことが大事であることを指導する。また、話し手の発話の重要部分でわからない箇所がある時の発話としては、「○○っていうのは？」と発話の一部分を繰り返す方法の他に、その語が聴き取れなくても「え、何ですか？」「すみません、今のところもう一度言ってもらえますか」等、理解できていないことを表明するよう指示する。単に表現リストを示すより、実際に双方向ストラテジーが豊富に使われている発話の録音を聴くのも有効であろう。国際交流基金 (2008, 38-39) には音源とともにタスクの紹介がある。

　はじめは、難しければ、たとえ非言語であっても構わないので、必ず理解や不理解を表明することを指示し、何回かこのような活動を続ける中で、上述の相槌や質問を口に出せるようになればよい。さらに慣れてくれば、わからないことを伝える際、単に「もう一度お願いします」ではなく、「○○のところまではわかったんですけど、その後何て言ったんですか」等、どの部分がわからなかったのかを特定的に示せるようになることを目指すとよい。さらに、「○○は××ということですか」「ああ、○○は××なんですね」等、自らの推測の正誤を確かめる発話が出るようになれば、聴き手は自分の聴解を完全に自分でコントロール

できていることになり、聴くことに対する恐怖感が消失するはずである。

　また、ペアや小グループではなく、クラス全体で行う活動として、4.1 で言及した「質問タイム」という活動がある。教師がライブで語る物語やエピソードを少しずつ区切りながら聴かせ、途中わからない箇所があっても区切りまでは黙って聴くよう指示し、区切りの「質問タイム」で質問させるものである。話し手の発話の最中にリアルタイムで質問する醍醐味はないが、質問すべきこととそうではないことは何か、どのようにどんな表現を使って質問すべきかをある程度の時間的余裕を持って考えることができる。また、同じタスクに取り組む他の学習者の質問を観察できる利点がある。さらに、リアルタイムの質問とは異なり、非言語や単なる「すみません」「もう一度」では何がわからなかったのかが示されないので、「××はわかったが、○○がわからなかった」のように、できるだけ自分の理解できなかった部分を特定する必要がある。わからない部分があった時、その場で瞬時に質問するのでなく、区切りまで待つ間に、わからなかった箇所について後続テキスト等から推測し、「○○は××のことですか」と自分の推測（仮説）を確認する仮説検証型の質問ができるようになれば、自らの理解について計画を立て、モニターし、評価するというメタ認知ストラテジーが作動している証左と言ってよい。

4.4　プロフィシェンシーを育てる評価

　既に述べた通り、教室指導の評価においては、大規模テストと同様のテスト形式とは異なる評価方法を考えたい。日常の指導において自然な音声テキストや動画を扱うのであれば評価においても同様のテキストを扱い、双方向聴解を導入したのであればその技能を評価の対象とすることは言うまでもない。この際、聴き取り結果の正誤だけでなく、学習者の聴解過程の質を評価するよう努めたい。たとえば、双方向聴解であれば、理解や不理解を表明することができたか、理解できなかった部分を特定して質問することができたか、驚きや共感等理解に伴う反応を表明することができたかといった質的側面に注目することが重要である。このような質的側面をルーブリックに記述して学習者と共有すれば、学習者自身の自己評価も可能になり、教師と学習者双方の評価に関する合意形成も可能になる。伝統的な形式による測定・評価から離れて、代替的な評価形式を模索することは容易ではないが、聴解のような不可視的で複雑な技能の評価には、試行錯誤が欠かせないことを強調したい。

5. 終わりに

　この数十年を振り返ってみると、デジタル機器の発達により、コミュニケーション・スタイルには大きな変容がもたらされた。テレビを見ない人々が増え、かつて聴解テキストの定番の一つであった天気予報は聴くものではなく、手元で見るものになった。人々の間のコミュニケーションも文字を介する形式が増えた。他方、デジタルの音源については聴き返しや速度調整が自在になり、一回限りノンストップの一方向的聴解は頻度が低くなっているように思われる。若い世代は何をどのように聴いているのか、聴くことに関して現代社会の第二言語使用者はどんな問題に直面することが多いのか、改めて調査することも必要である。

参考文献

国際交流基金 (2008).『聞くことを教える』ひつじ書房.

島田めぐみ・澁川晶・孫媛・保坂敏子・谷部弘子 (2020).「日本語聴解認知診断テストの開発を目指したアトリビュートとテストの分析」『日本言語テスト学会誌』23, 37-56.

沈倍宇 (2021).「思考表出法を用いた第2言語聴解過程に関する研究概観」『言語教育・コミュニケーション研究』15, 16-32. 昭和女子大学大学院.

沈倍宇・横山紀子 (2023).「スクリプト無の自然な音声テキストによる聴解過程: 実際の言語運用に求められる能力育成のために」『中国語話者のための日本語教育研究 』14, 32-48. 中国語話者のための日本語教育研究会.

プープィンピュ・横山紀子 (2022).「多肢選択式タスク及び記述式タスクにおける聴解過程の異なり: L2日本語学習者を対象としたプロトコル分析から」『日本言語テスト学会誌』25, 40-59.

横山紀子 (2008).『非母語話者日本語教師再教育における聴解指導に関する実証的研究』ひつじ書房.

横山紀子 (2018).「聴解能力評価に関する研究概観: 言語評価のディレンマを克服するために」『第二言語としての日本語の習得研究』12, 77-97. 第二言語習得研究会.

Buck, G. (1994). The appropriacy of psychometric measurement models for testing second language listening comprehension. *Language Testing, 11*, 145-170.

Buck, G. (2001). *Assessing listening*. Cambridge University Press.

Buck, G. & Tatsuoka, K. (1998). Application of the rule-space procedure to language testing: Examining attributes of a free response listening test. *Language Testing, 15* (2), 119-157.

Cheng, H. (2004). A Comparison of multiple-choice and open-ended response formats for the assessment of listening proficiency in English. *Foreign Language Annals, 37*, 544–553.

Field, J. (2008a). Bricks or mortar: Which parts of the input does a second language listener rely on?

TESOL Quarterly, 42 (3), 411-432.

Field, J. (2008b). *Listening in the language classroom*. Cambridge University Press.

Field, J. (2013). Cognitive validity. In A. Geranpayeh & L. Taylor (Eds.), *Examining listening*, 77-151.

Cambridge University Press.

Goh, C. (2002). Exploring listening comprehension tactics and their interaction patterns. *System, 30*, 185-

206.

Ockey, G. J. (2007). Construct implications of including still image or video in computer-based listening

tests. *Language Testing, 24* (4), 517-537.

O'Malley, J. M., Chamot, A. U. & Kupper, L. (1989). Listening comprehension strategies in second

language acquisition. *Applied Linguistics, 10* (4), 418-437.

Rost, M. & Ross, S. (1991). Learner use of strategies in interaction: Typology and teachability. *Language

Learning, 41* (2), 235-273.

Thompson, I. & Rubin, J. (1996). Can strategy instruction improve listening comprehension? *Foreign

Language Annals, 29* (3), 331-342.

Tsui, A. B. M. & Fullilove, J. (1998). Bottom-up or top-down processing as a discriminator of L2 listening

performance. *Applied Linguistics, 19* (4), 432-451.

Vandergrift, L. (1996). The listening comprehension strategies of core French high school students. *The

Canadian Modern Language Review, 52* (2), 200-223.

Vandergrift, L. (1997). The Cinderella of communication strategies: Reception strategies in interactive

listening. *The Modern Language Journal, 81*, 494-505.

Vandergrift, L. (2003). Orchestrating strategy use: Toward a model of the skilled second language

listener. *Language Learning, 53* (3), 463-496.

Vandergrift, L. & Goh, C. M. (2012). *Teaching and learning second language listening: Metacognition in

action*. Routledge.

Wagner, E. & Toth, P. D. (2014). Teaching and testing L2 Spanish listening using scripted vs. unscripted

texts. *Foreign Language Annals, 47* (3), 404-422.

Xiaoxian, G. & Yan, J. (2010). Interactive listening: Construct definition and operationalization in tests of

English as a foreign language. *Chinese Journal of Applied Linguistics, 33* (6), 16-39.

「聞く」プロフィシェンシーを育成する教材とは

山森理恵 (明治大学)

要旨

　日本語を第二言語として「聞く」ためにどのような教材が求められるのか。本稿は、学習者が実際に「聞く」ことを必要とする場面で聞いて理解し、必要な行動がとれる力の程度を「聞く」プロフィシェンシーと捉え、「聞く」プロフィシェンシーを育成する聴解教材のあり方を検討することを目的とする。日本語学習者がどのような場面で聞くことを必要とするのかを基点として、聴解教材がどのような場面を扱い、どのような練習を提供するべきかを次の8つの点から検討する。①「聞く」場面の分類、②学習者が遭遇しうる場面の抽出、③会話の当事者として聞く、④生素材の特徴、⑤生素材の加工、⑥能動的な聞き取り、⑦聞くためのスキル、⑧聞くテクニック、の8つの観点である。

　これらの点を踏まえた教材の制作が進み、日本語学習者に提供されていくことが望まれる。

キーワード：「聞く」プロフィシェンシー、学習者が遭遇しうる場面、当事者、生素材、能動的聞き取り

Materials needed to develop listening proficiency
in Japanese

Michie Yamamori (Meiji University)

Abstract

　What types of teaching materials are needed for "listening" to Japanese as a second language? By considering situations where learners need to listen and take necessary actions as "listening proficiency" tasks, this study examines how listening comprehension materials should be designed to develop the ability to listen and understand. This study discusses the following eight aspects of the situations that listening comprehension materials should cover and the types of practice they should provide, based on the situation in which Japanese learners need to listen. The eight aspects are: (1) classification of "listening" situations, (2) extraction of situations that learners may encounter, (3) listening as a participant in the conversation, (4) the characteristics of authentic resources of spoken language, (5) processing of authentic resources of spoken language, (6) active listening, (7) listening skills, and (8) listening techniques. It is hoped that listening comprehension materials based on these perspectives will be developed and provided to learners of Japanese.

Keywords: listening proficiency, situations learners may encounter, participants in the conversation, authentic resources of spoken language, active listening

1. はじめに

　言語学習において聴解はその中核で、第二言語の聴解スキルの発達はほかの言語スキルの発達に有益な影響を与えることが明らかになっている (Vandergrift, 2007)。日本語を「聞く」ために、学習者が必要とするプロフィシェンシーとはどのようなものか。本稿は、学習者が実際に「聞く」ことを必要とする場面で聞いて理解し、必要な行動がとれる力の程度を「聞く」プロフィシェンシーと捉え、第二言語として日本語を学ぶ学習者がどのような場面で日本語を聞くことを必要とするかを基点として、日本語の聴解教材がどのような場面、素材を扱い、どのような練習を提供するべきか具体例を交えながら検討することを目的とする。これまでに雑談の聴解教材化 (山森, 2016) や生素材の教材化 (鎌田・山森, 2017) についての議論がなされてきたが、本稿ではもう少し広い視点で、日本語学習者が必要とする聴解教材のあり方を検討する。

2. 聴解教材に求められる要素

　「聞く」プロフィシェンシー向上のために、次の8つの点から聴解教材のあり方について検討する。①「聞く」場面の分類、②学習者が遭遇しうる場面の抽出、③会話の当事者として聞く、④生素材の特徴、⑤生素材の加工、⑥能動的な聞き取り、⑦聞くためのスキル、⑧聞くテクニック、の8つの観点である。

2.1 「聞く」場面の分類

　「聞く」にもさまざまな場面がある。奥野 (2015) は「聞く」場面を対面で聞くのか非対面で聞くのか、非対面の場合は視覚情報があるかないか、一方向なのか双方向のやり取りを伴うのかで分類している (表1)。

<表１> 「聞く」場面分類

対面・非対面	視覚情報の有無	一方向	双方向
対面	視覚情報あり	・大教室での講義 ・プレゼンテーション ・スピーチ ・落語	・雑談 ・店員とのやりとり ・スカイプ、テレビ電話での会話
非対面	視覚情報あり (含む表情)	・テレビ (インタビュー・ドラマの会話・ドキュメンタリー・ニュース等) ・映画	・電話 (宅急便の不在票・ピザの広告等を見ながらの問い合わせや注文等)
	視覚情報なし	・ラジオ (天気予報・交通情報等) ・館内アナウンス (セール・迷子等) ・構内アナウンス (遅延情報等)	・電話 (会話)

(奥野 , 2015, 249)

　このように「聞く」場面はさまざまに分類できるが、一方向と双方向では大きく特徴が異なる。Lynch and Mendelsohn (2010) は双方向の場合、聞き手が話す役割も担う可能性があり、それにより適切に応答する必要性、発言内容を処理する時間的プレッシャー、対話者を誤解するリスクなどのコストが生じる一方で、疑問をすぐに解消し問題を解決する機会があるという利点もあると指摘している。双方向で聞く場面のための教材については、そういったコストと利点を伴った練習ができるものであるべきである。

　また、例えばニュースを聞く場合、ニュースのほとんどが「リード文＋背景＋詳細＋展望・付加」という談話構造であることが指摘されている (金庭・川村, 1999; 金庭, 2011)。ニュースでは、「わかりました」「ことになりました」をはじめとして、よく使われる文・表現が存在し、頻繁に使われる語彙も調査によって明らかにされている (金庭, 2011)。これらの特徴を踏まえて教材化することで、ニュースを聞く力はより向上できるはずである。ニュース以外についても同様に、それぞれの聞く場面でどのような談話構造、文・表現、語彙が使われているか、実際のデータを元に明らかにしたうえで、それぞれの場面の特性を踏まえ、それぞれの場面に応じた教材が必要とされる。

2.2 学習者が遭遇しうる場面の抽出

　先に示したように「聞く」といってもさまざまな場面があるが、その中でも、それぞれの学習者が実際に遭遇しうる場面で聞けるようになるということが重要である。外国語環境で日本語を使用するのか、日本で生活しているのかで遭遇する場面は大きく異なる可能性がある。学習者の属性・志向によっても違いがあるであろうし、1人の学習者でも様々な顔を持つことも考えられる。

　例えば、日本に暮らす生活者がどのような場面で日本語を聞くことが必要となるかを考えてみよう。文化審議会国語分科会 (2022) は、国内に在住する外国人が日常生活において日本語で行うことが想定される言語活動を例示している。それには、生活上の行為の事例の下位項目として「聞くこと」は 78、聞くことを伴う「やり取り」は 408 挙げられている。「聞くこと」の事例として一部を紹介すると、医療機関で治療を受ける際に「病気への対処法・生活上の注意などを理解する (通番15)」、仕事で「指示の言葉を理解する (通番400)」といった例や、「やり取り」の事例としては、人とつきあうために「世間話をする (通番513 - 515)」、公共交通機関を利用するために「窓口を利用する (通番158)」などの事例が挙げられている。これらは生活者の場合で、留学生が遭遇しうる場面はこれらと一部は重なり、一部は異なるであろう。それらの場面一つ一つで、それぞれの学習者は聞くことを必要とするということである。そのためには、学習者が遭遇しうる場面一つ一つが教材化され、学習者は自らの重要度や優先度に合わせて選択し、学んでいけることが望ましい。これら全ての場面を直ちに教材化するということは容易ではないが、学習者が遭遇しうる場面を抽出し、その中でどのような場面がより重要であり、優先度が高いのかという点を踏まえ、教材作成を進めていくことが必要であろう。その際、時代の変化に留意することも必要である。生活の変化で聞くことを伴わずに行われるようになることも増えている。一例として、レストランの予約は以前であれば電話をする必要があり、聞く行動が必須であった。しかし、最近はインターネット予約が主流となりつつあるため、教材の場面として取り上げる優先度はかなり低くなっている。そのような変化も考慮し、AIが進化していっても学習者が実際に遭遇しうる場面、聞くことを必要とする場面を抽出し、教材化していくことが必要と考えられる。

2.3 会話の当事者として聞く

　日本語教材というと、登場人物同士の会話のやりとりが繰り広げられ、学習者は自分とは無関係の人物同士のやりとりを聞くというものが多い。しかし、そのような自分とは無関

係の人物の会話のやりとりを盗み聞きして聞くということは、現実にはまれである。これでは聴解教材が現実のコミュニケーションを反映しているとは言えない (松崎, 2005)。鎌田・山森 (2017) が「その場の「当事者にする」」ことの必要性を主張するように、教材の中においても、できるだけその会話の当事者、モノローグであるならそれを聞く当事者として状況に入り込んで聞くことが求められる。

　また、聞き手は既に知っていることを頼りに聞いたことを理解する (Lynch & Mendelsohn, 2010)。現実の会話では状況や人物に関する情報が聞き手の理解を助ける (松崎, 2010)。日本語教材ではどこでどのような状況で話されている会話かが明らかでないことも多いが、現実に聞く場合は、必ず場所と状況を伴う。耳から聞こえてくる音声だけでなく、話されている場所、状況、話し手、そこで見えるものといった情報も合わせて総合的に理解している。聴解教材でも現実に「聞く」状態に少しでも近づけるため、状況や聞き手がすでに知っていることを手掛かりとしながら聞けるようにすることが望ましい。

　このように当事者として特定の状況で既に持っている情報と合わせて聞く練習をする教材例として鎌田他 (2016)、鎌田他 (2021) がある。これらは「自分自身のこととして聞くこと (鎌田他, 2016, 4)」の重要性を指摘したうえで、会話を聞く前に会話の当事者なら把握しているような状況を提示し、会話の一方の当事者になりきって聞くという方法をとっている。状況説明と会話のロールプレイで用いるようなロールカードを使い、現実に聞くときのように状況を踏まえ、当事者になりきって聞く練習ができるようにしている (資料1)。教材である以上、現実の場面とは異なるものの、できるだけ現実に近い形で聞けるようになっている。

2.4　生素材の特徴

　教材の音声というと、どうしても書かれたスクリプトに基づいて、環境の整ったスタジオでプロの声優の手を借りて収録するという方法になりがちである。しかし、現実には周囲の雑音の中で聞くことも多く、発話の音声も、プロの声、スクリプトに基づいた録音とは異なる。では、自然な「生」の発話にはどのような特徴があるのだろうか。「生」の自然な発話は、原稿の読み上げと異なり、一定の特徴が見られる (表2)。

＜表2＞ 「生」の発話に見られる特徴

1.	話し言葉特有の表現形式	6.	くり返し
2.	言い淀み	7.	発話スピードの変化
3.	言い損じ	8.	高低や強弱の変化
4.	言い誤り	9.	語順の乱れ
5.	言い直し	10.	フィラーの挿入

　それぞれの特徴について、筆者が収録した自然発話の音声を文字化したものから例を挙げて説明する（例文中の［　］は筆者注釈）。

　一つ目の特徴として、「1. 話し言葉特有の表現形式」が挙げられる。「〜ちゃう」「〜なきゃ」「〜なくちゃ」などの縮約形に加え、「〜っていう」などや「やっぱ」「なんない［＝ならない］」「そんとき」「いろんな」といった話し言葉で使われる表現である。これらは、カジュアルな話し方の場面だけでなく、(1) のような、観光案内所の人が観光客に敬語を交えながら話している場面でも見られる。

　(1) 全然、同じ茶屋さんでも、ちょっとやっぱ、雰囲気が全然違うんです。

友人同士の雑談ではさらに「ってかさ」「ぶっちゃけ」といった表現なども多く含まれる。

　二つ目の特徴は、「2. 言い淀み」である。「3、3、3000円台」といった例である。さらに三つ目として、(2) の「ちと」のような「3. 言い損じ」もある。言い損じは母語話者であれば理解は容易であろうが、学習者にとっては難しい場合もある。

　(2) あの、洞爺湖とか、登別とか、あとは、定山渓っていうとこが札幌にちと［＝ちょっと］あるんだけど。

　また、四つ目の特徴は (3) の「聞いて」「教えて」に見られるような「4. 言い誤り」である。「聞きたい」「教える」に見られるような「5. 言い直し」も五つ目の特徴として挙げられる。

　(3) ［いい場所があるという話について］（略）そういう話を聞いて、聞きたいしね、教えて、教えることもできるから。

　そのほかに、六つ目の特徴として (4) のような「6. くり返し」がある。

(4) なんかさあ、私は、なんか、なんだろう［恋愛が］成立、成立するって思うんだけど、(略)。

　さらに、「生」の自然な発話では七つ目の特徴として「7. 発話スピードの変化」が見られる。話が盛り上がるなど発話内容に伴ってスピードが変化する場合だけでなく、発話内容とは無関係に発話スピードが速くなったり遅くなったりする場合もある。例えば、(5) の「一緒にいて」の部分は、音声では前後と比べ急に速くなっている。

(5) うん、なんか、「あ、私、この人好きなんだなあ」って、そのなんかライン、何？一緒にいて楽しいとか、なんかそういう。

　加えて、「生」の自然発話の場合、「8. 高低や強弱の変化」も伴う。文構造の影響を受けたり、強調したりする場合や、話し手の感情の現れで変化が起きる場合もある。(6) の例の場合、「人に話しちゃうと」と比べ、「なっちゃって」の部分は発話スピードも落ち、弱い言い方になっている。

(6) そう、なんか、人に話しちゃうと、そう、もっと好きになっちゃって、(略)。

　また、九つ目の特徴として「9. 語順の乱れ」も頻繁に見られる。(7) のような倒置、(8)の下線部のような挿入が行われることがよくある。

(7) なんか、いるじゃん、なんか、たまに、自分が相談できる男の子って (略)。
(8) 私、私も成立、なんか、私はあんまりなんか男友達が多いほうじゃないから、なんか、なんだろ、成立すると思うんだけど、それはやっぱりなんかこう、さっきも言ったけどなんかもう、こいつないな、みたいな。

　さらに、「10. フィラーの挿入」も特徴である。「あ」「あー」「え」「うーん」のようなフィラーが「生」の自然な発話では頻繁に現れる。
　現実にこれらの特徴を伴った発話を聞くためには、聴解教材の中でこれらの特徴に慣れていくことが必要である。

2.5　生素材の加工

「2.4」で述べたような「生」の発話の特徴に慣れるためには、「生」の会話そのものを練習としても聞くことが一番の近道に思われる。しかし、聴解教材の場合、聴解教材として求められる要素がある（表3）。

＜表3＞　聴解教材に求められる要素

①	多くの学習者が状況を理解しやすい
②	教材として適切な長さである
③	教材として適切な音質である
④	個人情報など、教材としてふさわしくない内容が含まれていない

聴解教材は多くの学習者が利用する。そのため、聴解教材で扱う場面は、多くの学習者にとって理解しやすく、その場面に入り込みやすいものであることが求められる（表3 ①）。現実には人は聞こえてくる発話だけでなく、話されている場所、状況、話し手、そこで見えるものといった所与の情報も合わせて総合的に理解している。話し手と聞き手がそれまでに共有している情報、会話の場合は互いの感情や共感なども前提となりうる。一つ一つの場面が非常に個別的なものである。一方で、聴解教材は多くの学習者が理解しやすいものであること、個別的ではなく、一般的であることが求められる。多くの学習者が遭遇しうる場面で、状況が理解しやすく、当事者として入り込みやすいものであることが求められる。

また、学習に適した長さであること（同②）、教材として適切な音質であること（同③）、個人情報や、公共の秩序に反する内容などが含まれていないことが求められる（同④）。

一方、先述の通り、「生」の自然な発話は、個別的で、長さもまちまちである。雑音の中で聞く場合、マスク越しに聞こえにくい状態で聞く場合もある。個人情報などが含まれることも多いというように聴解教材に求められる要素と矛盾する。

しかし、教材に求められる要素に沿って書きおろしたスクリプトを元に教材化しても、「生」の会話に近づけることは難しい。そこで考えられるのが生素材をその特徴を残しつつ加工し教材化する方法である。では、生素材に具体的にどのような加工を施すとよいのか。

表4に示す6つの点に留意して加工することが考えられる。それぞれの具体例として自然発話のデータとその教材化例を＜資料2-1 ～ 6-2 ＞に示す。

<表4> 生素材の加工方法

i.	会話の始まりと終わりの明確化（【1】、【14】）
ii.	態度の明確化（【9】）
iii.	わかりやすくするための説明の追加・言い換え・整理（【2】、【3】、【4】、【6】、【11】、【12】）
iv.	言い淀み・繰り返しの削除（【8】）
v.	詳細説明・挿入された話題の削除（【5】、【7】）
vi.	固有名詞・一般的でない表現・不適切な表現の削除・言い換え（【10】、【13】）

　まず、「生」の自然な発話には雑談のように会話の始まりと終わりがはっきりしない場合がある。そのため、教材化にあたっては「i. 会話の始まりと終わりの明確化」のための加工を施すことが考えられる。＜資料2-1＞は会話の抜粋で、その前段では国内旅行はお金がかかるという話をしていたのが、＜資料2-1＞の「1 学生A」から、学生Aが唐突に話題を切り替えて宮島旅行の経験について話し始めている。教材化する際は＜資料2-2＞【1】のようにこれから「旅行の思い出」の話が始まることを明確にすると、学習者が状況を理解しやすくなる。また、＜資料6-1＞の会話では、「5A」でこの話題が終わっているのだが、この話題がこれで終わったのかどうかわかりにくい。そのため＜資料6-2＞【14】のように聞き手がそこまでの話を理解し、話題が一区切りついた形に加工されている。

　さらに、自然な発話の場合、態度を明示的に示さない場合がある。そのような場合、実際の会話の当事者以外には理解しにくく、教材として「ii. 態度の明確化」をさせることも必要である。＜資料4-1＞のようにゲストハウスを評価していることが伺われるが、明確に述べていない場合、＜資料4-2＞【9】のように「いい」と述べることで理解しやすくなる。

　また、「iii. わかりやすくするための説明の追加」も必要である。例えば、自然な発話の場合、当事者同士で共有している知識などから省略されても相互に理解できる場合がある。そのような場合は説明の追加が必要である。＜資料2-1＞では学生A・Bはともに鉄道好きで、青春18きっぷがJRの切符で、しかもそれで宮島に渡るフェリーにも乗れるという、多くの人が知らないような知識を前提に会話が進んでいるため、＜資料2-2＞【2】【3】でそれについて補足されている。さらに、＜資料2-1＞の会話の後に続く部分から、学生Aは風邪をひいて熱が下がらなかったことがわかるのだが、この部分では明確に言及がないため、＜資料2-2＞【4】ではそれを補足している。また、＜資料2-2＞【6】のように泊まったことをこの時点で明示的に言うと理解しやすく、＜資料5-1＞の会話では省略されたり、明示的に言わなかった「言葉」を＜資料5-2＞【11】のように補って追加したり、【12】のように言い換えたりすることも、多くの人が理解しやすくするためには必要であろう。

　さらに、「iv. 言い淀み・繰り返しの削除」もある程度必要である。＜資料3-1＞【8】のような例である。＜資料2-1＞【5】、【7】のような「v. 詳細説明・挿入された話題の削除」も適切な長さの教材にするうえでもある程度必要であると考えられる。

　加えて、「vi. 固有名詞・一般的でない表現・不適切な表現の削除・言い換え」も必要である。＜資料5-1＞【10】のような個人名は削除するべきである。＜資料6-1＞【13】のような「トゥルーラブ」といった一般的ではない表現は、よく使われる表現であるという誤解を避けるために一般的な表現に言い換えるべきと考えられる。

　このように、生素材に一定の加工を施して教材化することによって、聴解教材に求められる要素を踏まえつつ、書き下ろしでは作り出せない「生」の会話の特徴を持った教材作成が可能になる。ただし、どの程度の加工を加えるかは十分な検討が必要である。「生」の会話の特徴が損なわれないようにしなくてはならない。状況や内容が個別的過ぎると多くの学習者が理解し、当事者として状況に入り込むことが難しくなるが、具体的な情報をあまりに削ぐと、かえって当事者としてその状況に入り込むことが難しくなると考えられる。対象とする日本語学習者の日本語レベルも考慮する必要があろう。

2.6　能動的な聞き取り

　Lynch and Mendelsohn (2010) は、リスニングとは能動的なプロセスであると指摘している。一方向であれ、双方向であれ、聞くことは能動的な行為であるが、一方向で聞く場合、一方的に与えられた情報を聞いて理解し、次の行動をとることになり、聞き手の働きかけによって話し手からさらに情報を引き出すことは難しい。しかし、双方向の場面では、聞き手が能動的に聞き、働きかけることによって、得られる情報の量や聞いたことによる相互の関係の強化に影響を及ぼす。双方向で聞く場合、その場で相づちやうなずきといった反応を適切に行うことで、話し手が話を継続することを促すことができる。また、適切な聞き返しによって、聞いた内容を確認し、さらなる情報を引き出すことが可能となる。共感を示す反応を示すことで話し手との関係を強化できる可能性もある。逆にそのような能動的な働きかけができないと、話し手が話を続けることに躊躇し十分な情報が得られない、話し手と十分な関係が築けないこともありうる。小池 (2003) は、母語話者が第二言語話者との会話において、相づち・うなずきの欠如から困難さや疲れを感じることを明らかにしている。日本語学習者が能動的に聞き、働きかけができるようになるよう、教材の中で適切な相づち・うなずき、聞き返しの練習の機会が用意されることが必要であると言える。

　特に、聞き返しには様々な機能がある。A. 理解したことを示す、B. 理解を確認する、C. 理解できていないことを示す、D. 共感を示す、E. 驚きを示す、などの機能である。学習者が聞き取った内容に合わせて自分でそれぞれの聞き返しをする練習が必要であると考えられる。練習例を表5に示す。

＜表5＞　聞き返しの練習例

A.	理解したことを示す	先輩：会社では、数年に1回、会社のみんなで運動会をやるんです。 あなた：<u>へー、運動会をやる。</u> 先輩：運動会っていうのほどでもないんですけど、みんなでスポーツをするんですね。　　　　　　　　　　　　　　　　　鎌田他 (2016, 84) より
B.	理解を確認する	友だち：この間さあ、お昼にカレーを食べたんだけど。 あなた：<u>カレー？</u> 友だち：うん、上にチーズがのったカレー。めっちゃ、おいしかった。　　　　　　　　　　　　　　　　　　　　　　　鎌田他 (2021, 32) より
C.	理解できていないことを示す	友達：桜も満開、春本番！いいねえ！ あなた：<u>はる……？</u> 友達：ああ、「春本番」。春はいいね。　　　　　　　　　　　　　　　　　　　　　　　　　鎌田他 (2016, 13-14) より
D.	共感を示す	友だち：あした、天気よさそうだし、スカイツリー行くの、いいかなと思って。 あなた：<u>そうだね。スカイツリー、いいねー。</u>　　　　　　　　　　　　　　　　　　　　　　　　鎌田他 (2021,68) より
E.	驚きを示す	友だち：宮島って、30 平方キロぐらいですごい小さいんだよ。 あなた：<u>え、そんなに小さいんだ。</u>　　　　　　　　　　　　　　　　　　　　　　　鎌田他 (2021, 104) より

（いずれの練習も先行の発話を聞いて理解や受け止め方に合わせて例に倣い、下線部の聞き返しを学習者自身が行う練習となっている）

2.7　聞くためのスキル

　現実に聞く際、単に聞いて理解するだけでなく、目の前の視覚情報や、既に知っている情報を活用しながら聞いて理解する場合、予測をしながら聞いて理解する場合がある (Lynch & Mendelsohn, 2010)。これらのスキルはそれぞれ独立して用いられるものではないが、聴解教材において、それぞれのスキルに注目した練習を用意することが望ましい。

　一つには、既に知っている情報を活用しながら聞く練習として＜資料7＞のような例が考えられる。ここでは東京に住む話し手が沖縄の水族館の魅力を語り、今までに5回行ったと語っている。話し手は遠くても何度も行く価値があるくらい魅力があることを伝えようとしているが、これは、東京から沖縄の水族館までの距離を理解していることを前提に聞くこ

とで話し手の意図が理解できる。教材としては、東京から沖縄の水族館の距離という背景知識を導入、確認後聞く形をとっている。このように背景知識となる情報を確認し意識したうえで聞く練習を重ねることで、文化的な情報も獲得しつつ、視覚情報や背景知識を活用しながら聞く力を向上させることができる。

　また、予測しながら聞く教材として＜資料8＞のような例が挙げられる。会話を「17 あなた」まで聞いたところで、「18 友だち」でどのようなことを言うかを学習者にa・bから予測させるのである。このように予測の練習をさせることで、予測の重要性を意識づけ、予測するスキルを向上させることにつなげることができる。

2.8　聞くテクニック

　ここまで、「聞く」プロフィシェンシーを向上させるため、教材として扱うべき場面を中心に検討してきた。いわばトップダウン処理のための教材のあり方を中心に見てきたが、日本語でさまざまなものを聞いて理解するためには、日本語の音声を聞き、より小さい単位からより大きい意味の単位を構築していくボトムアップ処理ができることも必要である。そのためのトレーニングとして、教材の中でシャドーイングやリピーティング、ディクテーション、クローズテストといった練習を、学習者が継続して行えるようにすることが望ましい。学習者が遭遇しうる場面、当事者として聞けるような、生素材を加工した素材によって、シャドーイングをはじめとするこれらの練習ができるようにするとよい。

3.　おわりに

　聴解教材がどのような場面、素材を扱い、どのような練習を提供するべきかを中心に、聴解教材のあり方を8つの観点から見てきた。聴解教材に求められる要素と扱うべき素材には矛盾する点もあるが、その中庸をうまくとり、「聞く」プロフィシェンシーの向上につながる教材を作成し、学習者に提供していくことが今後さらに求められる。

参考文献

奥野由紀子 (2015).「『聞く』プロフィシェンシーを高める練習方法の転換」『日本学研究叢書』第9巻『日本語教育の研究』246-268. 外語教学与研究出版.

金庭久美子・川村よし子 (1999).「TVニュース構成の特徴分析とそれを支える表現」『日本語教育』101, 1-10. 日

本語教育学会.

金庭久美子 (2011).「日本語教育における聴解指導に関する研究―ニュース聴解の指導のための言語知識と認知能力―」『日本アジア研究』(8), 1-31. 埼玉大学大学院文化科学研究科.

鎌田修 (監)・奥野由紀子・金庭久美子・山森理恵 (2016).『生きた会話を学ぶ　中級から上級への日本語なりきりリスニング』ジャパンタイムズ.

鎌田修・山森理恵 (2017).「生素材の教材化、その楽しさと苦しさ―リスニング教材の作成を一例に―」『日本語プロフィシェンシー研究』(5), 34-50. 日本語プロフィシェンシー研究会.

鎌田修 (監)・山森理恵・金庭久美子・奥野由紀子 (2021).『リアルな会話で学ぶにほんご初中級リスニングAlive』ジャパンタイムズ出版.

小池真理 (2003).「日本語母語話者は第二言語話者との会話をどのように評価するか」『北海道大学留学生センター紀要』(7), 16-33. 北海道大学留学生センター.

文化審議会国語分科会 (2022).『地域における日本語教育の在り方について (報告)』文化審議会国語分科会.

松崎寛 (2005).「聞くための日本語教育文法」野田尚史 (編),『コミュニケーションのための日本語教育文法』127-146. くろしお出版.

山森理恵 (2016).「雑談の聴解教材化の課題」言語教育の「商品化」と「消費」を考えるシンポジウム運営員会 (編),『言語教育の「商品化」と「消費」を考えるシンポジウム報告集』Kindle版電子書籍.

Lynch, T., & Mendelsohn, D. (2010). Listening. in Norbert Schmitt (Ed.). *An Introduction to Applied Linguistics,* 180-196. Routledge.

Vandergrift, L. (2007). Recent Developments in Second and Foreign Language Listening Comprehension Research. *Language Teaching, 40* (3), 191–210. Cambridge University Press.

＜資料１＞　状況説明及びロールカードを用いた教材の例

あなたは留学生です。「なりきりカード」で「あなた」の立場を確認してから、友達が話す、いろいろな食べ物の話を聞いてください。

なりきりリスニング 1

今、あなたは友達と、日本の食べ物について話しています。会話の最後の合図🎵の後で、あなたは何と言いますか。a、bから選んでください。🔊 02-01

> **なりきりカード**
>
> ・あなたは日本の食べ物について知りたい。
> ・納豆の食べ方をよく知らない。

鎌田他 (2016, 21)

＜資料 2-1＞　元データ例１

［大学生男子２人の会話、旅行の話］
1 学生Ａ：その、おれもねー、その、前、前の年のその今ごろ？
2 学生Ｂ：うん
3 Ａ：あのー、青春18きっぷでさ、広島の宮島まで行ったけど。
4 Ｂ：あー、宮島ね。
5 Ａ：うん、そう、あそこまで行ったけどさ。
6 Ｂ：あれ？宮島から船乗れんの知ってる？
7 Ａ：そうそう、フェリーも。
8 Ｂ：フェリーも。
9 Ａ：フェリーも見せれば乗れるね。
10 Ｂ：そうそうそうそう。
11 Ａ：うん、宮島におれ、１週間ぐらいいたよ。
12 Ｂ：そんないたんだ。
13 Ａ：風邪ひいて。
14 Ｂ：それちょっとやばいよ。
15 Ａ：宿があってさ、その、【5】ユースホステルかゲストハウスか忘れたけど、【6】宮島ゲ——、あ、宮島ゲストハウスっていうのがあって、【7】そこのー、何だろ、ドミトリーって言ってさ、２段ベッドでベッド一つだけもらえるようなとこで、たしかねー、2000円？一泊。
16 Ｂ：え、安いじゃん。

＜資料 2-2＞　教材化例

［カフェでの親しい友だちとの会話］
1 あなた：【1】なんか、旅行の思い出ってある？
2 友だち：その、おれもねー、その、前、前の年の今ごろ？
3 あ：うん。
4 友：あのー、青春18きっぷでさ、広島の宮島まで行ったけど。
5 あ：あー、宮島ね。
6 友：うん、そう、あそこまで行ったけどさ。
7 あ：うん。
8 友：あれ、宮島から船乗れんの知ってる？
9 あ：そうそう、フェリーも【2】乗れるんだよ。
10 友：フェリーも【3】青春18きっぷ、見せれば乗れるね。
11 あ：そうそうそうそう。
12 友：うん、おれ、宮島におれ、１週間ぐらいいたよ。
13 あ：そんないたんだ。
14 友：風邪ひいて、【4】熱下がらなくって。
15 あ：それ、ちょっとやばいよ。
16 友：で、宿があってさ、【6】ゲストハウスに泊まって。2000円だったかな、一泊。
17 あ：え、安いじゃん。

鎌田他 (2021, 102-103) より

山森理恵

＜資料3-1＞　元データ例2

［大学生男子2人の会話、旅行の話］
1 学生A：俺ね、なんかね、とにかく安く抑
　えるのももちろんだし、ま、相場として
　日本でもね、1日、宿代も入れ、【8】3、
　3、3000円台から4000円台で抑えるね。

＜資料3-2＞　教材化例2

［大学生男子2人の会話、旅行の話］
1 友達：俺ね、なんかね、とにかく安く、ま、
　日本でもね、一日、全部で3000円台か
　ら4000円台で抑えるね。

鎌田他 (2016, 71) より

＜資料4-1＞　元データ例3

［大学生男子2人の会話、旅行の話］
1 学生A：あー、なんか俺、1人で行くから
　さ。あ、だから、なんか旅先で、そのビ
　ジネスホテルだとさ、誰とも話さないじゃ
　ん。で、ゲストハウスだとかだと、そう
　いうリビングみたいなところでさ、みん
　な世界中の、人もいるし、日本人もいるし、
　その、旅の情報交換、現地の、ここ、あ
　そこいいぞって言われたら、そこ行くし
　ね、そういう話を聞いて、聞きたいしね、
　教えて、教えることもできるから。うん、
　ゲストハウス。

＜資料4-2＞　教材化例3

［大学生男子2人の会話、旅行の話］
1 友達：いや、全然、ゲストハウスとか。その、
　なんか旅先で、その、ビジネスホテルだ
　とさ、誰とも話さないじゃん。で、ゲス
　トハウスだとかだと、リビングみたいな
　ところでさ、みんな、世界中の人もいる
　し、日本人もいるし、その、旅の情報交
　換？　現地の、ここ、あそこいいぞって
　言われたら、そこ行くしね。そういう話
　を聞いて―聞きたいしね、教えて―教え
　ることもできるから、【9】そういうふう
　にして、知らない人と仲良くなれるって
　いうのがいいんだよね、うん。だからゲ
　ストハウス。うん、ビジネスホテルより
　全然いいかなって。

鎌田他 (2016, 71) より

＜資料5-1＞　元データ例4

［大学生女子2人の会話、恋愛の話］
1 学生B：え？言葉ないと、【10】［Bの名前］
　に
2 学生A：言葉ないと？
3B：「好き」「付き合ってください」ってな
　いと、付き合おうみたいな【12】ことが
　ないと、始まんないと思う。

＜資料5-2＞　教材化例4

［大学生女子2人の会話、恋愛の話］
1 友だち：え、言葉ないと。
2 あなた：言葉ないと？
3 友：うん、「好き」「付き合ってください」っ
　て
　【11】言葉ないと。「付き合おう」みたい
　な
　【12】言葉がないと、始まんないと思う。

鎌田他 (2016, 94) より

38

＜資料 6-1＞　元データ例 5

> ［大学生男子 2 人の会話、恋愛の話］
> 1 学生 A：（略）それでも好きってなったら、
> 　　もうそれが【13】トゥルーラブだろ。
>
> 2 学生 B：トゥルーラブ。（笑）
>
> 3 A：トゥルーラブ。（笑）
> 4 B：いいねー。トゥルーラブ見つけたい
> 　　ねー。
> 5 A：そうだねー。

＜資料 6-2＞　教材化例 5

> ［大学生男子 2 人の会話、恋愛の話］
> 1 友　達：（略）それでも好きってなったら、
> 　　それが【13】本物だろ。
> 2 あなた：本物、ね。【14】そうか。なるほどね。
> 　　自分とは違うタイプと、パズルのピース
> 　　がはまるような感じがいいか。

鎌田他 (2016, 94-95) より

<資料７>　背景知識を活用しながら聞くための教材例

◆ 聞きましょう

聞く前に下の「あなたカード」を読んで、「あなた」になりきって友だちの話を聞いてください。会話のあとで質問に答えてください。

Before listening, read the あなた Card below. Then, immerse yourself in the role of あなた as you listen to your friend talk. Answer the questions that come after the conversation.

あなたは……

・親しい友だちと、スマートフォンの写真を見ながら、話しています。
・友だちに旅行の思い出について聞きたいです。
・東京に住んでいます。
・東京から沖縄の水族館までが遠いことを知っています。

水族館

空港から水族館まで
車で2時間、
バスで3時間

那覇空港

1年間に300万人以上の人が来る

ことば
□ぎりぎり last minute　□ぼーっと dazedly　□たしかに certainly

1 あなた：なんか、旅行の思い出ってある？
2 友だち：その、わたしねー、その、先月？
3 あ：うん。
4 友：あのー、友だちと、沖縄まで行ったんだけど。
5 あ：あー、沖縄ね。
6 友：うん、そう、沖縄まで行ったんだけどさ。
7 あ：うん。
8 友：あれ、沖縄に大きい水族館あるの知ってる？
9 あ：あー、聞いたことある。
10 友：すっごい大きい水族館で、公園もあって、一日中遊べるようなところでね。
11 あ：へー。
12 友：うん、わたし、5回行ったよ。
13 あ：え、そんなに行ったんだ。
14 友：うん、家族と初めて行って、もうほんとに大好きになって。そのあと一人でも行って。楽しくって。だいたい毎年行ってる。

15 あ：それ、ちょっとすごいよ。
16 友：で、行くときは、閉まる少し前に行くんだよね。そうすると、チケットが結構安くなるから。
17 あ：え、いいじゃん。
18 友：閉まる前って人も少ないからゆっくり見られるし。
19 あ：超いいじゃん。
20 友：空港から遠いけど、近くに止まれば、夕方、閉まるぎりぎりまでいられるし。
21 あ：おー。
22 友：そう、大きい魚、泳いでるのを、静かなとこでぼーっと見てさ。うん。それがよくって5回も行ったんだ。
23 あ：そうなんだ。たしかに、静かに見るのはいいね。

鎌田他 (2021, 100-101) より

40

＜資料8＞　予測して聞くための教材例

◆ 聞きましょう

聞く前に下の「あなたカード」を読んで、「あなた」になりきって後輩の話を聞いてください。会話の途中と最後の質問に答えてください。

Before listening, read the あなた Card below. Then, immerse yourself in the role of あなた as you listen to the junior member talk. Answer the questions that come during and after the conversation.

あなたは……

- 後輩と、電車の中で話しています。
- もうすぐ冬休みです。冬休みにどこかへ行きたいと思っています。
- 後輩に、冬休みにどこに行くか聞きたいです。
- スキーが大好きです。

ことば

□スキー場 ski resort　□滑る＝スキーをする

1 あなた：もうすぐ冬休みだね。
2 友だち：そうですね。
3 あ：何か予定、ある？
4 友：はい、冬は寒いけど好きなんですよね。
5 あ：へー。
6 友：あの、わたしの地元に、大きなスキー場があるんですけど。
7 あ：うんうん。
8 友：よく、スキー教室でアルバイトをします。
9 あ：え、スキー教室の先生とか？
10 友：そうですそうです。子供たちに教えてます。
11 あ：え、子どもたちに。
12 友：ええ、スキー教室の先生は楽しいですよ。
13 あ：えー。
14 友：去年は雪が降らなくて、アルバイトが休みなったんですけど。
15 あ：ああ。

16 友：今年はね──
17 あ：うん。
18 友：a 暖かくて雪が少なくて。
　　　 b 雪がいつもよりたくさん降ったので。
19 あ：あっ、本当？ふーん。
20 友：滑れますよ。
21 あ：へー。いいね。
22 友：じゃあ、今度いっしょにどうですか。
23 あ：えっ、いいの？えっ、どこどこ、どこだった？
24 友：えっと、長野のほうです。
25 あ：はいはいはい。
26 友：案内しますよ。今年の雪はとってもいいですから。
27 あ：おー、それは、楽しみ。

鎌田他 (2021, 52-53) より

日本語学習者の聴解困難点と推測技術

野田尚史 (日本大学)

要旨

　日本語学習者の聴解困難点と推測技術を明らかにするために、日本語学習者に日本語の音声を聞いてもらい、その音声をどう理解したのかを自分の母語で話してもらう調査を行った。

　その結果、日本語学習者は聴解において (1) から (4) のような点が難しいことが明らかになった。

(1)　音声：聞いた音声からその音声に該当する語句を特定する

(2)　語彙：話しことばに特有の語句や専門用語の意味を理解する

(3)　文法：語句の文法的な形の意味や前後の語句との文法的な関係を理解する

(4)　談話：語句や文がその前後の文とどのような関係にあるのかを理解する

また、理解できない部分の意味を (5) から (8) のように推測していることが明らかになった。

(5)　音声：語句の音声から語句の意味を推測する

(6)　語彙：語句の形や前後の語句との意味的な関係から語句の意味を推測する

(7)　文法：語句の文法的な形や前後の語句との文法的な関係から語句や文の意味を推測する

(8)　談話：前後の文の内容との関係から語句や文の意味を推測する

キーワード：日本語学習者、聴解困難点、推測技術

Listening Comprehension Difficulties and Inference Strategies of Japanese Language Learners

Hisashi Noda (Nihon University)

Abstract

　　The purpose of this study is to elucidate the listening comprehension difficulties and the inference strategies of Japanese language learners. A survey was conducted in which Japanese language learners were asked to listen to Japanese speech and express their understanding in their native language.

The results show that in listening comprehension, Japanese language learners have difficulty, for example, in understanding the meaning of technical terms, and in understanding how a word relates to the preceding and following sentences.

The results also show that they infer the meaning of a word that they can not comprehend, for example, from its grammatical relation to the preceding and following words, or from its relation to the content of the preceding and following sentences.

Keywords: Japanese language learners, listening comprehension difficulties, inference strategies

1. はじめに

この論文の目的は、日本語学習者が日本語を聞いて、その日本語をどのように理解しているのかを明らかにすることである。具体的には、(1) と (2) を明らかにすることである。

(1) 聴解困難点：日本語学習者は聴解においてどのような点が難しいのか？　また、それはなぜか？

(2) 推測技術：日本語学習者は理解できない部分の意味をどのように推測しているのか？

この目的のために、日本語学習者に日本語の音声を聞いてもらい、その音声をどう理解したのかを自分の母語で話してもらう調査を行った。この論文では、その調査結果をもとに、具体例を示しながら (1) と (2) について述べる。

この論文の構成は、次のとおりである。次の 2.で日本語学習者の聴解についての研究が必要だということを述べ、3.で日本語学習者の聴解について調査する方法を説明する。その後、調査結果をもとに、4.で日本語学習者の聴解困難点を、5.で日本語学習者の推測技術を、それぞれ音声、語彙、文法、談話という 4 つの観点に分けて示す。最後に 6.でまとめを行い、7.で今後の課題を述べる。

2. 日本語学習者の聴解研究の必要性

　日本語学習者の聴解についての研究は、発話についての研究に比べて、あまり盛んではない。日本語学習者の発話についての研究は、学習者に日本語で話してもらえば、比較的簡単にデータを集められる。それに対して、学習者の聴解についての研究は、学習者に日本語を聞いてもらうだけでは、データを集められない。聞いた日本語を学習者がどのように理解したのかがわかるデータを集めなければならないが、それは簡単ではないからである。

　日本語の聴解教育も、会話教育に比べて、遅れている。会話教育では、「このようなことを言いたいときには、このように言えばよい」という具体的な発話技術が教えられている。それに対して、聴解教育では具体的な聴解技術が教えられているとは言えない。

　たとえば、会話教材である国際交流基金『エリンが挑戦！ にほんごできます。vol.1』の「第6課　ねだんをきく―バス―」では、(3) のような発話技術が示されている。

　　(3)　バスや電車のねだん：
　　　　〈おりるところ〉に「まで」＋「いくらですか」をつけます。
　　　　例）市役所まで、いくらですか。

　この教材に限らず、会話教材では何を言いたいときに具体的にどのような表現を使えばよいのかが示されており、示されたとおりに言う練習をすれば、話せるようになる。

　それに対して、聴解教材であるインターカルト日本語学校『やさしい日本語の聴解トレーニング』の「第2章　第4課　主語や目的語を言わない」では、(4) のような心構えが示されているだけで、具体的な聴解技術は示されていない。

　　(4)　日本語は、文脈で判断できる場合、「誰が」「誰に」「誰を」といった主語や目的語を言わないことが多くあります。これを聴き取るためには、話の中で「何のことを言っているか」、つまり「主語」は何かをよく理解し、そこから外れないことが大切です。

　この教材に限らず、一般的に聴解教材ではどのような音声が聞こえたらどう理解すればよいかという具体的な聴解技術が示されていない。音声を聞いて質問に答えるような練習が提供されているだけである。

　このように聴解教育が会話教育に比べて遅れている大きな原因の一つは、日本語学習者の聴解についての研究が遅れていることである。聴解教育で具体的な聴解技術を教えられるようにするためには、学習者の聴解についての研究を行うことが必要である。日本語学習者が現実の日本語をどのように聞いてどう理解しているかという研究である。特に学習者にとって聴解においてどのような点が難しいのか、また、理解できない部分の意味をどのように推測しているのかを明らかにすることが必要である。

3.　日本語学習者の聴解調査の方法

　聴解能力、つまり「聞く」能力を測定するのは、「話す」能力を測定するより難しい。

　「話す」能力は、牧野他 (2001) で述べられているように、日本語学習者に日本語を話してもらうことによって測定できる。それに対して、「聞く」能力は日本語学習者に日本語を聞いてもらっただけではわからない。聞いた日本語の内容をどのように理解したのかを何らかの方法で確認しなければ、測定できない。

　「聞く」能力の測定方法としては、たとえば (5) から (7) のような方法が使われている。

(5)　聞いた日本語の内容と問題文として示された文の内容が合致しているかどうかを答えてもらう。

(6)　聞いた日本語の内容について質問し、答えてもらう。

(7)　聞いた日本語の内容を要約してもらう。

　しかし、このような測定方法では、聴解能力を測定する側が「ここは理解できていないかもしれない」と考えた部分の理解が確認できるだけである。

　このような方法は、時間や労力に限りがある試験では聴解能力を測定するのに有効である。しかし、何を理解できて何を理解できないのかを詳しく調べる調査には向いていない。

　日本語学習者は聴解においてどのような点が難しいのか、理解できない部分の意味をどのように推測しているのかを調べるためには、「思考発話法」がもっとも有効である。「思考発話法」は、読解研究でよく使われる方法である。学習者に日本語の文章を読んでもらいながら、同時に、読みとった内容や、読みながら考えたこと、理解できないところなどを話してもらう方法である。

　「思考発話法」を聴解調査に使うとすると、たとえば会話の聴解を調査する場合には、(8)

のような調査方法になる。

(8)　日本語学習者に日本語が堪能な相手と会話をしてもらい、そのときの映像を録画しておく。会話が終わった後、録画した映像とともにその音声を日本語学習者に聞いてもらい、相手の発話をどう理解したのかを自分の母語で話してもらう。

　聴解研究で「思考発話法」を使う場合には、学習者が日本語の音声を聞きながら、同時にその日本語をどう理解したのかを話すのは無理である。そのため、会話の場合は学習者が会話した音声を録音しておき、会話が終わった後で、録音された会話の音声を少しずつ再生しながら、相手が話した日本語をどう理解したのかを話してもらうことになる。一度に再生する長さは、学習者が自分で適当だと思う所で再生を止めてもらいながら、区切っていくのがよい。

　このような調査では学習者が話してくれないことはわからないので、必要に応じて、学習者が話してくれなかったことを調査する側が学習者に質問するのがよい。一般的な「思考発話法」では質問は行わないが、質問を行ったほうが学習者の理解を詳しく知ることができる。

　また、一般的な「思考発話法」では理解した内容を母語ではなく日本語で話してもらうこともあるが、母語で話してもらうほうがよい。なぜなら、たとえば「駅でスイカをチャージしました」という音声を聞いて、日本語で「デンシャノエキデスイカヲチャージシマシタ」と話したとしても、実際には「駅で西瓜を買って食べてお腹を満たした」と理解しているのかもしれないからである。聞いた音声とは違う言語、つまりその人の母語で話してもらわなければ、意味の理解を適切に確認するのは難しい。

　なお、このようにして行う調査の詳しい方法と調査によって得られたデータの一部は、野田他「日本語非母語話者の聴解コーパス」として公開されている。この論文で取り上げる例で、出典の最初に「L-EN0001」といった番号が書かれているものは、「日本語非母語話者の聴解コーパス」に掲載済みのものである。

4.　日本語学習者の聴解困難点

　4.では、3.で説明した調査方法によって得られたデータをもとに、日本語学習者の聴解困難点を、音声、語彙、文法、談話という4つの観点に分けて示す。

4.1　音声から見た日本語学習者の聴解困難点

「音声から見た日本語学習者の聴解困難点」というのは、聞いた音声からその音声に該当する語句を特定するのが難しい点である。

たとえば、日本語能力が初級レベルだと考えられるフランス語を母語とする学習者は、会話相手が話した (9) を聞いて、「ケーキ屋」の意味を家具・インテリア雑貨販売店の「イケア」だと不適切に理解した。

　(9)　ケーキ屋さんで働いています。

この学習者はこの雑談のここより前の部分で自分から「ケーキを作ります」と話しているので「ケーキ」という語句は知っていたはずである。しかし、「ケーキ屋さん」という音声から「ケーキ」を特定することができずに、「ケーキ屋」を「イケア」だと不適切に理解したのだと考えられる。

この例は、聞いた音声からその音声に該当する語句を特定するのが難しいという例である。

4.2　語彙から見た日本語学習者の聴解困難点

「語彙から見た日本語学習者の聴解困難点」というのは、話しことばに特有の語句や専門用語の意味を理解するのが難しい点である。

たとえば、日本語能力試験でN1 と認定された英語を母語とする学習者は (10) を聞いて、「(社会学は) ほかの社会科学の分野とは異なる独自のアプローチ (を用意してきました)」の意味を「社会学の異なる分野では、違った方法でアプローチ (をする)」だと不適切に理解した。

　(10)　このように社会学は人間と人間の関係を幅広く捉えようとする学問です。そのためにほかの社会科学の分野とは異なる独自のアプローチ，独自の説明の仕方を用意してきました。(L-EN0001,「第 01 回 社会学の考え方」, 森岡清志, 放送大学, 2016)

この学習者は「社会学」と「社会科学」という専門用語の意味が互いに違うことがわからなかったため、「社会学がほかの社会科学とはアプローチが異なる」の意味を「社会学の中

の異なる分野ではそれぞれアプローチが異なる」という意味だと不適切に理解したのだと考えられる。

　この講義の講師はここより少し前の部分で「社会学は法学、政治学、経済学などと並ぶ社会科学の中の一専門分野です」と述べており、この学習者も「社会学」と「社会科学」という2つの用語が出てきていることには気づいていた。しかし、「社会学」と「社会科学」の意味の違いがわからず、「社会学」と「社会科学」のどちらの用語が使われているかということにそれほど注意していなかったため、適切に理解することができなかった。

　(10) の「ほかの社会科学の分野とは異なる」では「と (は異なる)」が使われている。「ほかの社会科学の分野では異なる」のように「で (は異なる)」が使われているわけではない。「で (は異なる)」ではなく「と (は異なる)」が使われていることにこの学習者が気づかなかったことも適切な理解ができない要因になったと考えられる。

　この例は、専門用語の意味を理解するのが難しいという例である。

4.3　文法から見た日本語学習者の聴解困難点

　「文法から見た日本語学習者の聴解困難点」というのは、語句の文法的な形の意味や前後の語句との文法的な関係を理解するのが難しい点である。

　たとえば、日本語能力試験でN4と認定されたミャンマー語を母語とする学習者は (11) を聞いて、「今ヤンゴンで勉強してるわけではないんですか」の意味を「今ヤンゴンで勉強している学校はないか」だと不適切に理解した。

(11)　相　手：あ，今日本語できる人増えてるんですね。

　　　学習者：はい，そうです。

　　　相　手：へー。

　　　学習者：そうなんです。

　　　相　手：みんな日本語学校とかに，今ミャンマーで通って，勉強してる子が多いんですか。

　　　学習者：あそうです，いっぱいいるんですね。

　　　相　手：うーん。

　　　学習者：そうです。あのヤンゴンにはもっといっぱいです。

　　　相　手：あ，そうなん。

　　学習者：いろいろところに，いっぱいあります。

　　相　手：あーえ？今ヤンゴンで勉強してるわけではないんですか。　　(L-MM0005)

　この会話では、相手はこの学習者がヤンゴンで勉強していると思っていたが、この学習者は「ヤンゴンには(日本語を勉強している人か日本語学校が)もっといっぱいです」と言った。そのため、相手はこの学習者がヤンゴンで勉強しているのではなく、他の地域で勉強しているのかもしれないと思ったようである。そして、この学習者に「(あなたは)ヤンゴンで勉強してるわけではないんですか」と確認した。

　この学習者は「わけ」は「こと」と似たものだと思っていただけで、「わけではない」の意味は理解できなかった。そして、「勉強してるわけではない」の意味を「勉強している学校はない」だと不適切に理解した。

　この例は、語句の文法的な形の意味を理解するのが難しいという例である。

4.4　談話から見た日本語学習者の聴解困難点

　「談話から見た日本語学習者の聴解困難点」というのは、語句や文がその前後の文とどのような関係にあるのかを理解するのが難しい点である。

　たとえば、日本語能力試験でN2と認定された中国語を母語とする学習者は(12)を聞いて、「3つの観点」を「作りたい」「創造したい」「発明したい」だと不適切に理解したようである。

(12)　では,作品の声を聞く,その作品を聞くっていうことはですね,一体,ま,どのような,ことなのか,そこにどのような,こう意味が見いだせるのか,それをより実際的で,より現実的な3つの観点から考えていきたいと思います。え,まず,1つ目として挙げられるのが,文学は他者への共感を可能にする有効な手段であるということです。アメリカの作家,ポール・オースターは,君に物語を語りたいという文章の中で,作りたい,創造したい,発明したいという欲求は,間違いなく,人間の根源的欲求であると書いています。どうやらですね,こう,しゃべることを覚える以前から,人間は物語の欲求につきうごかされているようなんですね。　　(L- CH0016,「第01回 世界文学の時代へ－本科目のねらい」,小野正嗣・宮下志朗,放送大学,2016)

　この学習者はこの講義の講師が「文学作品を聞く方式として3つの方法を紹介する」という意味のことを述べたことは理解した。しかし、その3つが講義の中のどの部分に当たるのかを適切に理解できなかった。

　この学習者は、「まず、1つ目として挙げられるのが，文学は他者への共感を可能にする有効な手段であるということです」の意味を「文学作品は他者との共感を生みだす1つの手段だ」という意味だと不適切に理解した。「3つの観点」のすぐ後に出てくる「まず，1つ目として挙げられるのが」から1つ目が始まることに気づかなかったようである。そして、その後の「作りたい，創造したい，発明したい」がその3つだと不適切に理解したようである。

　また、1つの目の観点について述べられた後、(13) から2つ目の観点の話が始まり、その後、(14) から3つ目の観点の話が始まったが、それらが前に出てきた「3つの観点」の2つ目と3つ目だということにも気づかなかったようである。

(13) 文学を学ぶことの意義として，2つ目に挙げたいのは，文学は世界への窓だ，ということです。

(14) 文学を学ぶことがもたらす3つ目の意義は，文学は母語の感度を高める最良の手段であるということです。

　この例は、語句がその後の文とどのような関係にあるのかを理解するのが難しいという例である。

5.　日本語学習者の推測技術

　5.では、3.で説明した調査方法によって得られたデータをもとに、日本語学習者の推測技術を、音声、語彙、文法、談話という4つの観点に分けて示す。

　日本語学習者が意味を理解できない部分について行う推測には適切な推測と不適切な推測があるが、不適切な推測は前の4.の聴解困難点に含まれるものとして、この5.では適切な推測だけを取り上げる。

5.1　音声から見た日本語学習者の推測技術

　「音声から見た日本語学習者の推測技術」というのは、語句の音声から語句の意味を推測

する技術である。

　たとえば、日本語能力試験でN1と認定された韓国語を母語とする学習者は(15)を聞いて、わからない「ミクロ」の意味を「小さい」だと適切に推測した。

(15) そこでまあ経済学, ミクロ経済学, まあその中でも市場理論というのがどんなイメージのものか, 学問かということを, 今日は主としてお話をしたいというふうに思います。(L-KR0012,「「青い鳥」はいるか－経済学で考える (学術俯瞰講義) 第1回 手袋を買いに－市場理論とは？」. 松井彰彦, UTokyo OCW, 東京大学, 2011)

　この学習者は「ミクロ」の意味がわからなかったが、「ミクロ」という音声から「ミクロ」を英語の「マイクロ」だと思い、「ミクロ」の意味を「小さい」だと適切に推測した。

　この例は、わからない語句の意味をその音声から推測した例である。

5.2　語彙から見た日本語学習者の推測技術

　「語彙から見た日本語学習者の推測技術」というのは、語句の形や前後の語句との意味的な関係から語句の意味を推測する技術である。

　たとえば、日本語能力が中級レベルだと考えられるスペイン語を母語とする学習者は、会話相手が話した(16)を聞いて、わからない「めんつゆ」を調味料の名前だと適切に推測した。

(16) しょうゆ, とか, めんつゆとか, そういう日本の調味料。

　この学習者は「めんつゆ」の意味がわからなかったが、「しょうゆ」の意味も「調味料」の意味も知っていたので、前後にある「しょうゆ」や「調味料」との意味的な関係から「めんつゆ」も調味料の名前だと適切に推測した。

　この例は、わからない語句の意味を前後の語句との意味的な関係から推測した例である。

5.3　文法から見た日本語学習者の推測技術

　「文法から見た日本語学習者の推測技術」というのは、語句の文法的な形や前後の語句との文法的な関係から語句や文の意味を推測する技術である。

　たとえば、日本語能力試験でN1と認定された中国語を母語とする学習者は (17) を聞いて、わからない「ありふれた」の意味を「そんなに独創性はない」だと適切に推測した。

(17)　創作性がないのだから，ありふれた，定石的な表現，これは，著作物には当たりません。　　(L-CH0003,「著作権の必須知識を今日90分で身につける！」，福井健策，慶應義塾大学教養研究センター 情報の教養学講演会，2017)

　この講義では (17) の前に「ありふれた」が2回出てきていたが、この学習者にとっては初めて聞く語句で、意味がわからなかった。しかし、「ありふれた」が3回目に出てきた (17) で、「ありふれた」の意味を「そんなに独創性はない」だと適切に推測した。「ありふれた」の「あり」が動詞「ある」の活用形だと気づき、「(よく) ある」という意味だろうと推測したということである。

　この例は、わからない語句の意味を文法的な形から推測した例である。

5.4　談話から見た日本語学習者の推測技術

　「談話から見た日本語学習者の推測技術」というのは、前後の文の内容との関係から語句や文の意味を推測する技術である。

　たとえば、日本語能力試験でN2と認定されたミャンマー語を母語とする学習者は (18) を聞いて、わからない「ネタバレ」の意味を「映画の内容を知らせてしまうこと」だと適切に推測した。

(18)　相　手：なんか。あでも，映画といえばさあ，あのこの前アカデミー賞とったあの
　　　　　　　パラサイトじゃない？　やっぱり。
　　　学習者：あアカデミー？
　　　相　手：アカデミー賞をとって。
　　　学習者：あ，アカデミー賞。はい。
　　　相　手：あれとったさ，パラサイトってのが
　　　学習者：パラサイト好きですよ［笑う］。
　　　相　手：見た？
　　　学習者：はい，見ました［笑う］。

相　手:言っちゃだめだよ。[笑う]まだ見ていないから。ネタバレされたくないから。

(L-MM0020)

　この学習者は「ネタバレ」の意味がわからなかったが、その前にある「言っちゃだめだよ」や「まだ見ていないから」という文の内容から、「ネタバレ」の意味を「映画の内容を知らせてしまうこと」だと適切に推測した。

　この推測には、友人たちから自分が見ていない映画の内容を話さないでと言われたことがあるという経験も適切な推測の要因になったと考えられる。

　この例は、わからない語句の意味を前の文の内容から推測した例である。

6.　この論文のまとめ

　この論文では、次のようなことを述べた。

　日本語学習者の聴解困難点と推測技術を明らかにするために、日本語学習者に日本語の音声を聞いてもらい、その音声をどう理解したのかを自分の母語で話してもらう調査を行った。その結果、日本語学習者は聴解において (19) から (22) のような点が難しいことが明らかになった。

(19)　音声:「ケーキヤ」という音声からその意味を「ケーキ屋」ではなく「イケア」だと不適切に理解するなど、聞いた音声からその音声に該当する語句を特定するのが難しい。

(20)　語彙:「社会学」と「社会科学」の意味の違いを不適切に理解するなど、専門用語や話しことばに特有の語句の意味を理解するのが難しい。

(21)　文法:「〜わけではない」の意味を不適切に理解するなど、語句の文法的な形の意味や前後の語句との文法的な関係を理解するのが難しい。

(22)　談話:談話に出てきた「3つの方法」がその後の講義の中のどの部分に当たるのかを不適切に理解するなど、語句や文がその前後の文とどのような関係にあるのかを理解するのが難しい。

　また、理解できない部分の意味を (23) から (26) のように推測していることが明らかになった。

(23) 音声：「ミクロ」という音声から「ミクロ」を英語の「マイクロ」だと思い、「ミクロ」の意味を適切に推測するなど、語句の音声から語句の意味を推測する。

(24) 語彙：「めんつゆ」の前後にある「しょうゆ」や「調味料」との意味的な関係から「めんつゆ」の意味を適切に推測するなど、語句の形や前後の語句との意味的な関係から語句の意味を推測する。

(25) 文法：「ありふれた」の「あり」が動詞「ある」の活用形だと気づき、「ありふれた」の意味を適切に推測するなど、語句の文法的な形や前後の語句との文法的な関係から語句や文の意味を推測する。

(26) 談話：「ネタバレ」より前に出てきた「言っちゃだめだよ」や「まだ見ていないから」という文の内容から「ネタバレ」の意味を適切に推測するなど、前後の文の内容との関係から語句や文の意味を推測する。

7. 今後の課題

今後の課題としては、(27) と (28) が挙げられる。

(27) 日本語学習者の聴解困難点と推測技術を明らかにする研究をさらに進める。

(28) 日本語学習者の聴解困難点と推測技術の研究結果をもとに聴解教材を作成する。

(27) は、日本語学習者に日本語の音声を聞いてもらい、その音声をどう理解したのかを自分の母語で話してもらう調査をさらに進めるということである。さまざまな母語のさまざまな日本語レベルの日本語学習者にさまざまな日本語の音声を聞いてもらい、そこから日本語学習者の聴解困難点と推測技術をさらに詳しく、また体系的に明らかにする必要がある。

そのような研究は野田他 (2015)、野田他 (2016) など、ある程度は行われてきたが、日本語学習者の発話の研究に比べて、まだ非常に少ないと言える。

(28) は、日本語学習者の聴解困難点と推測技術の研究結果をもとに、どのような音声が聞こえたらどう理解すればよいかという具体的な聴解技術が示されている聴解教材を作成するということである。

聴解授業の設計方法や聴解教材の作成方法について説明されているものとしては、国際交流基金 (2008) や宮城 (2014) などがある。しかし、具体的な聴解技術が示されている聴解教材の作成を目指して教材作成の指針が示されているものとしては、野田・中尾 (編) (2022)

があるだけである。聴解教材そのものも、会話教材や作文教材に比べて、まだ少ないと言える。

　このように、日本語学習者の聴解困難点と推測技術の研究はまだあまり行われておらず、日本語学習者のための聴解教材の作成もまだ十分には行われていない。しかし、それは聴解についての研究も聴解教材の作成もこれから発展する余地が十分に残されているということである。日本語学習者の聴解困難点と推測技術の研究も、日本語学習者のための聴解教材の作成も、今後さまざまな取り組みが行われる必要がある課題である。

付記

この論文は、JSPS科研費22H00669の研究成果である。

調査の実施と分析では、中島晶子氏 (パリ・シテ大学)、加藤さやか氏 (サラマンカ大学) をはじめ、多くの方々の協力を得た。

調査資料

インターカルト日本語学校『やさしい日本語の聴解トレーニング』ナツメ社. 2011.

国際交流基金『エリンが挑戦！にほんごできます。vol.1』凡人社. 2007.

野田尚史・河内美和・阪上彩子・島津浩美・丁美貞・高山弘子・中尾有岐「日本語非母語話者の聴解コーパス」.

　2020-.〔http://www.nodahisashi.org/jsl-rikai/choukai/〕(2023年11月1日検索).

参考文献

国際交流基金 (2008).『聞くことを教える』(国際交流基金日本語教授法シリーズ5) ひつじ書房.

野田尚史・阪上彩子・中山英治 (2015).「中級学習者が雑談に参加するときの聴解の問題点」*The 22nd Princeton Japanese Pedagogy Forum Proceedings,* 142-152. Princeton, NJ: Department of East Asian Studies, Princeton University. [https://pjpf.princeton.edu/sites/g/files/toruqf1151/files/past/22nd-pjpf/PJPF15_Proceedings_final.compressed.pdf] (2023年11月1日検索).

野田尚史・中尾有岐 (編) (2022).『日本語コミュニケーションのための聴解教材の作成』ひつじ書房.

野田尚史・中島晶子・村田裕美子・中北美千子 (2016).「日本語母語話者との対話における中級日本語学習者の聴解困難点」『ヨーロッパ日本語教育』20, 219-224. ヨーロッパ日本語教師会. [https://www.eaje.eu/pdfdownload/pdfdownload.php?index=234-239&filename=29_Happyo13_Noda.Nakajima.Murata.Nakakita.pdf&p=bordeaux] (2023年11月1日検索).

野田尚史

宮城幸枝 (2014).『聴解教材を作る』(日本語教育叢書「つくる」) スリーエーネットワーク.

牧野成一・鎌田修・山内博之・齊藤眞理子・萩原稚佳子・伊藤とく美・池崎美代子・中島和子 (2001).『ACTFL-OPI 入門—日本語学習者の「話す力」を客観的に測る—』アルク.

シャドーイングはレベル判定テストのタスクになるか

ボイクマン総子・根本愛子 (東京大学)

要旨

シャドーイングは、リスニング力向上のための言語訓練法の１つである。本研究では、シャドーイングをレベル判定テストのタスクの１つとして採用することは妥当か、多相ラッシュ分析を使って検証した。分析データは、難易度の異なるシャドーイングタスク４種、受験者23名分の発話データとその発話データを 19 名の判定者 (日本語教師) が判定したデータである。分析の結果、シャドーイングタスクは、正聞話率と流暢さが測定できるタスクであること、そして、漢字・語彙・読解テストとは相関がなく、スピーキングテストと相関があることがわかった。このことから、レベル判定テストで、聞いた内容と同じ内容を口頭で再生する能力を測定するタスクとしてシャドーイングを採用することは、テストの使用目的に適していると言える。

キーワード：シャドーイング、レベル判定テスト、テストタスク、妥当性検証、多相ラッシュ分析

Will Shadowing Become a Task in the Level Assessment Test?

Fusako Beuckmann, Aiko Nemoto (The University of Tokyo)

Abstract

Shadowing is one of the language training methods used for improving listening skills. In this study, we examined the appropriateness of adopting Shadowing as one of the tasks in a level assessment test using the Many-facet Rasch measurement. The dataset includes spoken responses from 23 examinees performing Shadowing tasks at four different difficulty levels and the assessment of that spoken data by 19 raters (Japanese language teachers). The results indicate that Shadowing tasks can measure the rate of correct listening and fluency, and that they demonstrate a correlation with speaking tests but not with tests of kanji, vocabulary, and reading comprehension. This suggests that Shadowing tasks, as measures of the ability to orally reproduce what has been heard, are appropriate for inclusion in level assessment tests.

Keywords: Shadowing, level assessment test, test task, validation, Many-facet Rasch measurement

1. はじめに

　シャドーイングは、「聞こえてくるスピーチに対してほぼ同時に、あるいは一定の間をおいてそのスピーチと同じ発話を口頭で再生する行為」(玉井, 2005) で、言語教育において積極的に実践されている言語訓練法の１つである。もともとは音声知覚 (聴解) 研究において心的辞書検索の過程を分析するために考案された実験タスク (Marslen-Wilson, 1985) であるが、言語教育においてリスニング力の向上を目指す訓練法として導入され (玉井, 1997)、その後、発音やイントネーション、アクセントなど音声面の改善にも役立つ可能性があるとして、その効果が英語教育や日本語教育などで検討されている (高橋・松崎, 2007; 唐澤, 2010; 迫田, 2010; 門田, 2012, 2015 など)。

　第二言語習得においては、L2 の言語能力を測るとき、複雑さ (complexity)、正確さ (accuracy)、流暢さ (fluency) の 3 要素と語彙 (lexis) が挙げられる (Skehan, 2009) が、これらはスピーキングやライティングテストのパフォーマンスを記述する際にも用いられ、言語テストの構成概念とされている (Housen & Kuiken, 2009)[1]。実際、流暢さ、発音や語彙の正確さは、英語大規模テストの１つVERSANT (日本経済新聞社・ピアソン, n.d.) のスピーキングテストの構成概念の一部になっており、VERSANTでは復唱[2]がテストタスクの１つとして採用されている。そこで、復唱と似た行為のシャドーイングをレベル判定のためのテストタスクの１つとして取り入れることは可能かというのが本研究の着想である。

　学習者の総合的な言語能力を測定するレベル判定テストは、プレースメントや診断テストの際だけでなく、プログラムの修了にも利用できる。そして、日本語学習者の総合的な言語能力を測定するためには、漢字や文法、読解などの筆記テストだけでなく、リスニングやスピーキングなどの技能を測定することも重要となる。しかし、リスニングやスピーキングテストは、機材調達や実施・判定にかかる人的リソースなど実用性の面でのハードルが高く、これらのテストを実施している機関は多くない。

---

1) 3 要素の頭文字をとって CAF、これらに語彙を加えて CALF と呼ばれる。
2) VERSANT の復唱は「文章構文、流暢さ、発音」を診断するとされている。

そこで、受験者があらかじめ録音された出題タスクを聞いてコンピュータを介してその発話を録音するという半直接テストで、場所を問わずテストを実施することができれば、実用面でのハードルを下げることができる。実際、これまで技術的に難しかったシャドーイングのオンライン化について、近年その技術が進み、指導にも利用され、学習効果も検証されている (峯松, 2023)。このような技術面の向上の点を鑑みると、リスニングやスピーキングと関わりのあるシャドーイングを、漢字や文法、読解テストでは測れない能力を図るレベル判定テストのタスクとして採用することを検討する価値があると思われる。

2. 先行研究と研究課題

2.1 シャドーイングと言語教育

言語教育において、シャドーイングは管見の限りテストとしては採用されてはいない。しかし、その学習効果についての研究はリスニング能力の向上と音声面の能力の向上など多岐にわたる。英語教育では、リスニング能力の向上について、玉井 (1992, 1997)、梱原他 (2021) などの研究がある。日本語についてはリスニング能力との関係からその効果について論じたものは管見の限りない。音声面については、英語教育ではProbst et al. (2002)、Wang and Lu (2011)、Ding et al. (2019) が適切なモデル音声であれば発音学習の効果が上がるとしている。流暢さについては、Yavari and Shafiee (2019) が1分間の発話での音節の数 (話速) を計算し、シャドーイング群 (SG)、目で文字を追う (Tracking) だけのグループ (TG)、目で文字を追いシャドーイングするシャドーイングとトラッキング群 (STG)、トレーニングを行わない統制群 (CG) を比較している。これによると、STG、SG、TGの全ての群でCGより話速が上がり、STG>SG>TGの順に流暢さに関する向上が見られたという。一方、日本語教育では、発音が向上した (唐澤, 2010)、話速が上がった (阿・林, 2010)、アクセントとイントネーションの誤用が減った (高橋・松崎, 2007) といった音声面の能力の向上に関する研究がある。この他、英語教育では読解力の向上 (氏木, 2006) や、日本語教育では語彙力の向上 (迫田・古本, 2019) が見られたとの報告もある。

これらの研究から、シャドーイングにはさまざまな学習効果があり、シャドーイングは特にリスニング能力及び発音と流暢さなどの音声面の能力と関係が深いと言える。

2.2 VERSANTのスピーキングテスト

大規模テストの1つであるピアソン社が開発するVERSANT (日本経済新聞社・ピアソン,

n.d.) では、テストをオンラインで行い、自動採点している。スピーキングテストタスク「音読・復唱・質問・文の構築・ストーリーリテリング・自由回答」[3]の 6 種のうち、復唱は耳で聞いた文を口頭で発話するという点において、シャドーイングに近いものがある。なお、復唱は文を聞いた後にその文を繰り返す行為であるが、シャドーイングは音声を聞き、ほぼ同時に、聞いた音声と同じ内容を口頭で再生する行為である点が異なっている。

Cheng (2011) は、VERSANTのスピーキングテストのデータを用いて、音読の際の流暢さを韻律 (prosody) と音素 (phoneme) の長さによって予測することで韻律の評価ができるとし、機械による測定を行った。その結果、予測韻律とデータとの相関は r=0.8 以上となり、人の手による評価 r=0.75 よりよい結果となったとしている。このように、シャドーイングも自動採点ができれば、レベル判定テストとしての実用性がさらに高まるだろう。

VERSANTのスピーキングテストは、現実場面での創造的な発話を測っていないとの批判がある (Chun, 2006)[4]。しかし、Downey et al. (2008) は、VERSANTのスピーキング能力の構成概念は、語彙や音韻、流暢さなどスピーキングのコアとなる能力を測っており、タスクとして有用であると反論している。

VERSANTのスピーキングテストはスピーキングテストという名前であるが、「リスニン・グ・能・力とスピーキング能力 (自然さ、流暢さ、即時性) の両方を測定」(傍点筆者) するとされ、音読は「流暢さ、発音」を、復唱は「文章構文、流暢さ、発音」を診断するとされている (日本経済新聞社・ピアソン, n.d.)。音読と復唱は、シャドーイングに近い行為であるが、日本語の場合、音読には表記 (特に漢字) の問題が関わるため、本研究では、これらは別の能力を測るものとし、復唱のほうがシャドーイングに近いタスクであると考える。

2.3　本研究の課題

2.1 と 2.2 で概観した先行研究から、復唱と似たタスクであるシャドーイングは、リスニングやスピーキングと関係が深く、中でも、発音と流暢さを測定することができるテストタスクとなり得ることが推察される。

本研究では、レベル判定テストにおけるシャドーイングタスクの妥当性を検証する。具体的には、難易度の異なるシャドーイングタスクを学習者に行ってもらい、それを複数の

---

3) 質問は、質問文に該当する 1 単語を答える問題、文の構築は与えられた単語を並び替えて文を作る問題、ストーリーテリングは聞いた内容を再話する問題、自由応答は簡単な質問に対して短く自由に応答する問題である。
4) Chun (2006) の論文は、VERSANT の前進である PhonePass and SET-10 について論じた論文である。

判定者によって判定したデータを用いて、シャドーイングがレベル判定テストのタスクの１つとして利用できるのかについて検討する。本研究の研究課題は、以下の２つである。

  1)シャドーイングは、レベル判定テストのタスクとして妥当性と信頼性のあるタスクか。
  2)シャドーイングテストは何を測っているのか。

3. シャドーイングタスクの作成基準と判定基準

  シャドーイングタスク作成にあたっては難易度を考慮して以下の基準 (表1) を用いた。

＜表１＞ シャドーイングタスクの難易度順の作成基準

難易度	項目	詳細
1	語彙	固有名詞以外の語彙は原則 J-LEX[5] 語彙 (留学生) 1285 位以下であること
	文法	文法項目は初級前半を含み初級後半以降の文法を含まない
	文の複雑さ	複文を含まない。１文であること
	言語領域	日常
	文体	です・ます体
2	語彙	固有名詞以外の語彙は原則として J-LEX 語彙 (留学生) 2000 位以下であること
	文法	文法項目は初級後半を含む
	文の複雑さ	複文を含まないが、節を含む。2 文であること
	言語領域	日常
	文体	です・ます体
3	語彙	固有名詞以外の語彙は原則 J-LEX 語彙 (留学生) 2500 位以下であること
	文法	中級程度。敬語表現を含む
	文の複雑さ	複文を含む。短い 3 文であること
	言語領域	日常
	文体	です・ます体
4	語彙	固有名詞以外の語彙は原則 J-LEX 語彙 (留学生) 3000 位以下であること
	文法	中級程度
	文の複雑さ	複文を含む。長い 3 文程度であること
	言語領域	日常
	文体	である体
5	語彙	固有名詞以外の語彙は原則として J-LEX 語彙 (留学生) 3500 位以下であること 漢字語彙を積極的に含む
	文法	中 ~ 上級程度
	文の複雑さ	複文を含む。長い 3 文程度であること
	言語領域	時事的な内容を含む (目標言語使用領域は、アカデミック)
	文体	である体

---

5) J-LEX とは、菅長・松下 (2013) が開発した日本語テキスト語彙・漢字分析器である。

そして、表1の基準をもとに表2に示す難易度別の5つの設問を作成した。ただし、5つの
タスクのうち難易度1のタスクはシャドーイング未経験の受験者を考慮し、練習用として扱
い、レベル判定には用いなかった。

<表2>　難易度に基づいたシャドーイングの各設問

1. この間の日曜日は、友だちと一緒に映画を見に行って、晩ごはんを食べました。

2. 健康のために、体にいいものを食べたり、できるだけ歩いたりするようにしています。タバコも吸わな
いようにしています。

3. 田中さん、先ほどまでここにいらっしゃったんですけど。どちらに行かれたんでしょうね。すぐに、お
呼びいたしますので、こちらにおかけになってお待ちいただけますか。

4. やりたいことがたくさんありすぎて、今、何をしたらいいのか、わからない。やるべきことに集中でき
ないという経験は、誰にでもあるだろう。その解決方法としては、しなければならないことをリストに
してノートに書くといい。そして、その一つ一つについて、なぜそれをする必要があるのかを、自分自
身に真剣に問いかけてみるといいだろう。

5. 世界的に気温の上昇が続いている。現在と同じ経済活動を今後も続けた場合、21世紀末には、現在よ
り4度前後、気温が上がってしまうと予測されている。その結果、北極などの氷が溶け、海面が上昇し、
居住不可能な土地が出てくるだけでなく、作物の生産高が減るなどの影響も出ると言われている。

　判定に用いた判定基準(ルーブリック)は「流暢さ」と「正聞話率」の2項目である(表3)。
流暢さとは、容易にかつ適度に速く話すことであり、多くの停止や休止を必要としないこと
を意味する(British Council, n.d.)。流暢さの判定基準は、門田(2020)の英語音読の判断基
準の「リズム、イントネーション、スピード、わかりやすさ」とCEFRで提示されている流
暢さ(欧州評議会, 2014)のA1-C2の指標を参考に簡略化した。また、根本他(2020)をもと
に、流暢さをレベル1-3、レベル4-5、レベル6の3つに区分した。
　「正聞話率」とは、聞いた内容をどの程度正確に口頭で再現できていたかを判定者の印象
で判断したものである。本研究では、正しく再現できた音節の数を数えて評価する「音節法」
という英語のシャドーイングの測定法(門田, 2018)を応用し、どの程度再現できていたかと
いう判定者の印象を基準の1つとした。
　判定者は表3の判定基準に基づき、「流暢さ」と「正聞話率」のそれぞれの印象から、学
習者の各発話データをレベル1-6で判定する。

<表3>　判定基準

	レベル1	レベル2	レベル3	レベル4	レベル5	レベル6
流暢さ(リズム、イントネーション、スピード)	(どちらかというと)流暢さが感じられない			(どちらかというと)流暢さが感じられる		非常に流暢
正聞話率	10%以下	30%程度	50%程度	70%程度	85%程度	ほぼ100%

4.　方法─実験方法、判定実験協力者、分析対象データ─

　本判定実験で使用したデータは、X国立大学で2021年6月に行われたオンラインによるレベル診断テスト[6]を受験した日本語学習者23名分のシャドーイングタスクである。23名中15名は同時期に実施された筆記テスト(漢字、語彙、文法、読解)も受験した。筆記の総合的なレベル判定は、レベル1と3は0名、レベル2は4名、レベル4は2名、レベル5は6名、レベル6は3名であった。

　シャドーイングの指示は、以下の通りである[7]。

　There are five texts. In each text, (1) at first, when you listen to the text, please speak it aloud at the same time as the speaker. (2) then, you will see the script which you just listened to. Please read it aloud at the same time as the speaker.

　上記の指示のうち、(1)がシャドーイングタスクの本体である。(2)のスクリプトを見ながらのシャドーイングは、どのような内容だったかを確認する機会を与えるという情意的な理由と答えを示すという教育的配慮によるもので、レベル判定の対象とはしなかった。録音は、各設問のモデル音声の発話と同時に自動的に開始され、モデル音声の発話が終わってから5秒後に自動的に終了する。

　本判定実験に参加した判定者は、メールによる募集に応募した日本語教師(日本語教授経

---

6)　学習者は発話に関わるテストとしてシャドーイングの他に音読、絵描写、聞いた話の再現、状況対応(ロールプレイ)、意見述べのタスクも受験したが、今回はシャドーイングを対象に分析する。

7)　一連の指示は英語で行われた。X大学の日本語学習者は高い英語力があることが前提とされていること、日本語の指示では日本語の読解力も必要となり、テストとしての妥当性が低くなるためである。

験を3年以上有する) 19名である[8]。判定実験は、2021年9月から10月にオンライン判定サイトを使って実施された。判定者は、ランダムに並べられた受験者23名の発話を1名分ずつ、1から5の順に聞き、表3の判定基準に基づき各発話をレベル1から6に判定する。判定時間の制限はなく、すでに行った発話の判定に戻って判定をやり直すこともできる。

　判定対象データは、学習者23名、4タスクの計92データである。この92データを日本語教師19名が判定した。よって、本研究の分析対象データは92×19で全1,748となる。

5.　結果と考察

5.1　研究課題1：妥当性と信頼性のあるテストタスクか

　研究課題1は、シャドーイングは、レベル判定テストのタスクとして妥当性と信頼性のあるタスクか、である。

　本研究では、シャドーイングタスクの妥当性検証として、Knoch and Chapelle (2018) による「論証に基づくアプローチ (argument-based approach)」を用いる[9] このアプローチでは、テスト開発者は推論に基づく解釈的論証を作成し、妥当性に関する論証を検証していく。論証には、テストのパフォーマンスが意図した特徴を持ったテストスコアが得られる手順で得点化されているかを見る「得点化 (evaluation) 推論」、テストスコアは平行版のタスク間やテストフォーム間、判定者間で一貫した値を示しておりテストスコアが期待得点を表す推定値になっているかを見る「一般化 (generalization) 推論」、期待得点が定義された構成概念に因るものかを見る「説明 (explanation) 推論」、目標言語使用領域での言語使用を反映しているかを見る「外挿 (extrapolation) 推論」、パフォーマンスの質の推定値 (目標得点) に基づいた決定は適切で役立ちうまく伝達できているかを見る「決定 (decision) 推論」、指導や学習に有用かを見る「波及効果 (consequence) 推論」という6推論があり、この推論の組み合わせにより、テストの妥当性を段階的に主張することができる (小泉, 2018)。

　本研究では、得点化推論、一般化推論、説明推論、決定推論という4つの組み合わせによるテストの妥当性を主張する。外挿推論と波及効果推論は別途データが必要となるため今

---

8)　判定実験協力者は、2021年1月及び5月に別のスピーキングタスクの判定実験にも参加したことのある日本語教師で、レベルの異なる学習者の発話を6レベルに分けることにある程度慣れている。また、当初協力者は23名だったが、モデルに適合するとされるInfitMSが0.5-1.7の範囲であること (Bond & Fox, 2007) を満たさなかった判定者が4名いたため、この4名を除外して分析を行った (5.1の「[3] 判定者は一貫して判定しているか」を参照)。

9)　「論証に基づくアプローチ」は、Kane (1992, 2006) が提唱したものである。

回は検証対象としない。したがって、本研究では、小泉 (2018) で示されているように、外挿推論に関わる「目標言語使用領域での言語使用を反映している」ことと、波及効果推論に関わる「指導や学習に有用である」ということまでは主張することはできない。だが、上述の 4 つの推論に関してプラスの証拠を十分に集めることができれば、当該テストは、「測りたい能力の構成概念を反映し、テストの使用目的に適している」と主張することができる。

本研究では、小泉 (2018) をもとに、[1]テストスコアの内的構造は理論的な言語能力モデルと一致しているか、[2]判定者は同じ厳しさで判定しているか、[3]判定者は一貫して判定しているか、[4]タスクの信頼性は高いか、[5]タスクが引き出すパフォーマンスはモデルに適合しているか、[6]判定基準は受験者を十分に弁別できているか、[7]タスクの判定の出し方は適切か、つまり、構成概念とは無関係な要因の影響が判定に入っていないか、[8]レベル分けによって受験者の能力が十分に弁別できているか、[9]受験者と判定者、受験者とタスク、タスクと判定者の間に偏った評価傾向は見られないか、を見ていく。[3][6][8][9]は得点化推論、[2][3][4][5][7]は一般化推論、[1]は説明推論、[8]は決定推論にあたる。

本研究では、多相ラッシュモデル (many-facet/multi-faceted rasch measurement：MMRM) を用いて、シャドーイングタスクが妥当性と信頼性のある、レベル判定テストのタスクとなり得るのかについて検証する。MMRMはLinacreの開発したモデル (Linacre, 1994) で、判定者など多様な要因が影響するパフォーマンス型のテストの分析に用いられるモデルである。今回の分析に使用したのはFacets Ver.3.83.6 (Linacre, 2020) である。

今回のデータにおける受験者、タスク、判定者の 3 相の記述統計は表4 の通りである。

<表4 >　今回のデータに関する受験者・タスク・判定者3 相の記述統計

	度数	平均値 (標準偏差)	平均値の 最小値 - 最高値	Logits の範囲	層 (Strata)	信頼性
受験者	23	3.17（1.70）	− 8.14-4.50	12.64	8.40	.97
タスク	4	3.17（0.21）	− 0.55-0.65	1.2	8.86	.98
判定者	19	3.17（0.33）	− 1.55-1.26	2.81	6.36	.95

まず、[1]に関し、スコア全体の分散の中の多相ラッシュ分析で説明される分散の割合は85.09%と非常に高い割合だった。これは、テストスコアの 85%が測りたい能力によって説明できたことを意味する。このことから、テストスコアの内部構造は理論的な言語能力モデルと一致していると考えられ、これはプラスの証拠となる。

次に、[2]について最も甘い判定者の数値、は−1.55で最も厳しい判定者の数値は1.26と2.81logitsの差があった。'今回は6レベルで判定したため、これを1から6の尺度に直すと両者は2.17ポイントの違いになる。全体で6レベルなので判定結果への影響を考えると本来は1レベル以下が望ましいが、両者には2.17のレベル差があった。判定者の層は6.36と厳しさの異なる6つのタイプの層に分かれていた。判定の差は少ないほうがよく、判定者の層は分かれないほうが理想である。しかし、本データからは判定の厳しさに比較的大きな違いがあった。したがって、[2]に関してはマイナスの証拠が示された。今後は判定基準の見直しに加え、判定者に対してレベル判定のトレーニングを十分行うなどの改善が求められる。

[3]は、モデル適合度を示すInfitMSという値から判断する。今回の使用データは、判定基準を用いた判定者の判断によって判定されるため、Bond and Fox (2007) が示した臨床観察 (clinical observation) に近いと判断し、InfitMSは0.5-1.7の範囲であることを基準とする。この範囲を満たさなかった判定者はいなかったため、プラスの証拠が得られたと言える。0.5-1.7よりも更に厳しい基準である0.7-1.3の範囲で考えた場合、この範囲に入るのが78.9%となり、8割近い判定者が適合の値を示している。このことから、判定者の行動はMMRMから予想される範囲内で一貫しており、判定者内の一貫性は高いと言える。

[4]のタスクの信頼性は.98だった。信頼性は通常.7-.8以上あるとよいとされているが、本データでは非常に高い信頼性が得られた。また、タスクの層は8.86で、実施した4タスクは9の難易度に分けられる。今回のタスクの組み合わせは難易度が異なるよう設定されているため、作成者の意図通りとなっており、タスクの信頼性は高かったと言える。

[5]に関して、タスクのモデル適合度のInfitMSの値は、0.75-1.44で、0.5-1.7の範囲内に収まっていた。ここから、このタスクはMMRMから予想される範囲内で一貫した動きをしており、タスクが引き出すパフォーマンスはモデルに適合していたと言える。

[6]については、受験者層は8.40で、本テストが6レベルを想定していることから、十分に弁別できていると言える。

[7]について、算出した受験者能力値 (Test-takers' ability measures) と、判定者19名の判定スコアの相関を計算したところ、比較的高い相関 (r=.698, p<.01) が見られた。このことから、シャドーイングタスクのスコアは、MMRMが計算するスコアと同じように出されていると言える。本タスクの判定の仕方は適切であり、判定したくない余分な要素に影響されていないことがわかった。

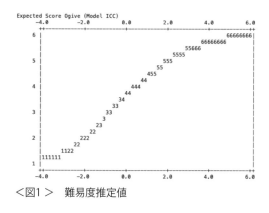

<図1> 難易度推定値

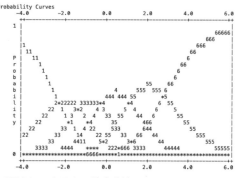

<図2> タスクの確率曲線

[8]については、満たすことが求められる基準が4点ある。基準1)は、各レベルの平均難易度推定値と閾の難易度推定値がレベルが上がるにつれ上がっており、各レベルに少なくとも10の判定が含まれていることである。図1を見てわかるように、レベルが上がるにつれて難易度は上がっている。また、判定の個数は、最も使用頻度が少なかったレベル3でも213あったため、基準を満たしている。基準2)は、閾間の差に関し、隣のレベル同士の距離が1.4≦logit＜5.0であるという点である。レベル2と3の間が1.32、レベル3と4の間が1.04と基準に満たなかったが、レベル1と2の間は1.5、レベル4と5の間は1.89、レベル5と6は1.6と基準を満たしていた。レベル3に関して、隣のレベル同士の距離が基準より低かったのは、難易度3となるタスク（表2）に敬語が含まれ、他の設問と質が異なっていたためではないかと考えられる。このことから、難易度3のタスクを他の発話に変えるなどの工夫が必要だと思われる。基準3)は、確率曲線について、それぞれのレベルに頂点があることである。図2に見られるように、レベル2とレベル3の頂上は低めではあるものの、各レベルに山があり、基準を満たしていると言える。前述の通り、難易度3のタスクが他とは質の異なる設問であったため差がつきにくかったのではないかと考えられる。このことから、敬語を設問文に含めるかどうかは検討の余地があると言える。基準4)は、レベルの適合度統計が2.0以内であることである。これについては、全て1.7以内であり、基準を満たしている。以上、4つの基準を概ね満たしていることが確認されたため、レベル分けによって受験者の能力が区別できていると考えられる。

[9]については、バイアス分析の結果から、受験者と判定者では4.59%、タスクと判定者では0.63%、受験者とタスクでは6.29%、判定傾向に偏りが見られた。しかし、いずれも10%を下回っているため、判定傾向の偏りには問題がなかったと結論付けることができる。

　以上のことから、判定者が同じ厳しさで採点していたか ([2]) については、一部判定基準の見直しや判定者トレーニングが必要だという課題があるものの、シャドーイングタスクによる判定は、「得点化推論」に関し、意図した得点が得られており ([6])、判定者とタスク・判定者と受験者・タスクと受験者の間に偏った評価傾向はなく ([9])、判定者は一貫して判定できている ([3])。また、判定基準のレベル分けによって受験者の能力が比較的分別できている ([8])。「一般化推論」に関し、スコアの出し方も適切であり ([7])、タスクの信頼性は高く ([4])、タスクが引き出すパフォーマンスはモデルに適合しており ([5])、判定者の判定は一貫している ([8])。そして、「説明推論」に関し、テストスコアの内部構造は理論的な言語能力モデルと一致している ([1]) ことが検証できた。「決定推論」に関しては、本テストは意思決定に必要なレベルに受験者を弁別できている ([8])。このように、論証に基づく妥当性検証の枠組みにおいて、得点化推論、一般化推論、説明推論、決定推論の4つの組み合わせに対しプラスの証拠が十分に集まった。したがって、当該テストのスコアは、測りたい能力の構成概念を反映し、レベル判定テストという使用目的に適していると主張できる。

5.2　研究課題2：シャドーイングテストは何を測っているのか

　研究課題2は、シャドーイングテストは何を測っているのかである。これについては、受験者が同時期に受験した診断テストの漢字、語彙、文法、読解の各テスト、及び、筆記テスト最終判定レベル (漢字、語彙、文法、読解テストの判定結果をもとに与えられた受験者のレベル) と、スピーキングテストのレベル (意見述べの2タスクの結果をもとに与えられた受験者のレベル)、シャドーイングテストの結果という7種類の結果との相関から検討する。全テストを受けた受験者は23名中15名だったため、この15名を分析対象とする。

　シャドーイングとその他のテストの記述統計結果と相関係数を表5に、テスト間の相関を表6に記す。分析にはSPSS ver.27 を用いた。

<表5>　シャドーイングテストの判定と他のテストとの相関 (N=15)

	満点の値	平均 (%)	標準偏差	相関係数 r	有意確率 (両側) p
漢字	80	57.40 (71.8%)	20.427	0.075	0.791
語彙	75	53.20 (70.9%)	17.587	0.083	0.769
文法	80	45.53 (56.9%)	15.606	0.399	0.141
読解	24	15.60 (65%)	6.254	0.208	0.457
筆記総合判定	6	4.33 (72.2%)	1.506	0.363	0.184
スピーキング	6	3.87 (65.4%)	1.246	.539*	0.038
シャドーイング	6	3.17 (52.8%)	1.77	1.0	-

<表6> テスト間の相関(r)

	漢字	語彙	文法	読解	筆記総合	スピーキング	シャドーイング
漢字	1	.969**	.773**	.919**	.841**	.707**	0.075
語彙	-	1	.729**	.932**	.789**	.679**	0.769
文法	-	-	1	.755**	.906**	.893**	0.141
読解	-	-	-	1	.825**	.726**	0.457
筆記総合判定	-	-	-	-	1	.825**	0.184
スピーキング	-	-	-	-	-	1	.539*
シャドーイング	-	-	-	-	-	-	1

表5から、シャドーイングの判定結果は、スピーキングとは中程度の相関が見られたものの、その他のテストとは有意な相関は認められなかった。効果量については相関分析の場合rが効果量となり、0.50で大きな効果量があるとされる (水本・竹内, 2008)。VERSANTでは復唱は「文章構文、流暢さ、発音」を測定するとされている。一方、シャドーイングは、漢字、語彙、文法、読解などの筆記試験では測定できないものを測っているということが示唆された。また、表6からスピーキングは、筆記総合判定と強い相関が見られていることから、スピーキングが測定しているものとシャドーイングが測定しているものも同じではないということが言えよう。

以上と合わせ、シャドーイングの判定基準 (ルーブリック) の構成概念 (表3) が「正聞話率」と「流暢さ」とであったことを考慮すると、シャドーイングタスクは、「正聞話率」、すなわち、聞いた内容と同じ内容を口頭で再生する能力と、「流暢さ」を測定していること、そして、それは筆記試験では測れない能力であると言えるだろう。

6. 総合考察

本研究の研究課題は、1) シャドーイングは、レベル判定テストのタスクとして妥当性と信頼性のあるタスクか、2) シャドーイングテストは何を測っているのか、であった。

1) について、多相ラッシュ分析によって妥当性と信頼性を分析したところ、本シャドーイングタスクは、論証に基づくアプローチ (Knoch & Chapelle, 2018) において、得点化推論、一般化推論、説明推論、決定推論の4つの組み合わせ関し、プラスの証拠が十分に集まった。したがって、本シャドーイングタスクの判定は、測りたい能力の構成概念を反映しており、レベル判定テストという使用目的に適しているテストタスクであると主張できる。

2) については、シャドーイングタスクは、正聞話率－聞いた内容と同じ内容を口頭で再

生する能力－と流暢さを測定しており、スピーキング能力との関係があることがわかった。シャドーイングタスクのみでレベル判定テストの結果を出すことはできないが、シャドーイングタスクを実施することで、補足的に筆記試験やスピーキングテストだけでは測れない能力を測ることができることがわかった。

　本研究では、リスニングテストを実施していないため、シャドーイングとリスニングテストとの関係を直接論ずることはできない。しかし、シャドーイングタスクをレベル判定テストで行うことによって学習者の日本語能力をより多面的に測定できることが示唆された。

7.　今後の課題

　聞いた内容を口頭で再生するというシャドーイングタスクがリスニングテストとどの程度相関があるのか、今後検証したい。さらに、シャドーイングタスクは、VERSANTと同じく自動採点が可能であるため、自動採点を実施し、人の手による判定とを比較したい。シャドーイングタスクの自動採点は、費用や技術面でのハードルが高いが、可能となればその実用性も格段に高まることが期待され、早期の実現が望まれる。

付記

本研究は、JSPS科研費20KK0005の助成を受けている。

参考文献

阿栄娜・林良子 (2010).「シャドーイング練習による日本語発音の変化―モンゴル語・中国語話者を対象に―」『電子情報通信学会技術報告書』109 (451), 19-24.

氏木道人 (2006).「シャドーイングを利用したリーディング指導の実践―復唱訓練が読解力に与える効果について―」『関西外国語大学研究論集』84, 213-230. 関西外国語大学.

欧州評議会 (2014).『外国語教育II 外国語の学習, 教授, 評価のためのヨーロッパ共通参照枠 追補版』吉島茂・大橋理 (訳・編), 朝日出版社. [Council of Europe. (2002) *Common European Framework of Reference for Languages: Learning, teaching, assessment*. 3rd printing. Cambridge University Press.]

門田修平 (2012).『シャドーイング・音読と英語習得の科学』コスモピア.

門田修平 (2015).『シャドーイング・音読と英語コミュニケーションの科学』コスモピア.

門田修平 (2018).『外国語を話せるようになるしくみ　シャドーイングが言語習得を促進するメカニズム』SBクリエイティブ.

門田修平 (2020).『音読で外国語が話せるようになる科学　科学的に正しい音読トレーニングの理論と実践』SBクリエイティブ.

唐澤麻里 (2010).「シャドーイングが日本語学習者にもたらす影響―短期練習における発音面および学習者意識の観点から―」『お茶の水女子大学人文科学研究』6, 209-220. お茶の水女子大学.

椙原卓弥・朱伝博・齋藤大輔・峯松信明・中西のりこ (2021).「シャドーイングに基づく言語学習者の英語音声産出・知覚能力に対する多角的分析」『電子情報通信学会技術研究報告』121 (282), 7-12. 電子情報通信学会.

小泉利恵 (2018).『英語 4 技能テストの選び方と使い方―妥当性の観点から―』アルク.

迫田久美子 (2010).「日本語学習者に対するシャドーイング実践研究―第二言語習得研究に基づく運用力の養成を目指して―」『第二言語としての日本語の習得研究』13, 5-21. 第二言語習得研究会.

迫田久美子・古本裕美 (編著) (2019).『日本語教師のためのシャドーイング指導』くろしお出版.

菅長陽一・松下達彦 (2013).「日本語テキスト語彙分析器 J-LEX」[http://www17408ui.sakura.ne.jp/] (2021年12月19日検索)

高橋恵利子・松崎寛 (2007).「プロソディシャドーイングが日本語学習者の発音に与える影響」『広島大学日本語教育研究』17, 73-80. 広島大学教育学部日本語教育学講座.

玉井健 (1992).「"follow-up"の聴解力向上に及ぼす効果及び"follow-up"能力と聴解力の関係」『STEP BULLETIN』4, 46-62. 日本英語検定協会.

玉井健 (1997).「シャドーイングの効果と聴解プロセスにおける位置づけ」『時事英語研究』36, 105-115. 研究社.

玉井健 (2005).『リスニング指導法としてのシャドーイングの効果に関する研究』風間書房.

日本経済新聞・ピアソン (n.d.). VERSANT [https://www.versant.jp/] (2023年12月31日検索)

根本愛子・ボイクマン総子・松下達彦 (2020).「状況対応タスクの非日本語教師による判定の分析―プレースメントのための日本語スピーキングテストの検証―」『日本語教育』177, 1-16. 日本語教育学会.

水本篤・竹内理 (2008).「研究論文における効果量の報告のために―基礎的概念と注意点―」『英語教育研究』31, 57-66. 関西英語教育学会.

峯松信明 (2023).「話すことの支援から聞くことの支援へ―アウトプットからインプットへ―」『日本音響学会誌』79 (3), 154-161. 日本音響学会

Bond, T. G., & Fox, C. M. (2007). *Applying the Rasch model: Fundamental measurement in the human sciences* (2nd ed.). Lawrence Erlbaum Associates.

British Council. (n.d.) [https://learnenglishteens.britishcouncil.org/exams/speaking-exams/fluency] (2024年1月3日検索)

Cheng, J. (2011). Automatic Assessment of Prosody in High-Stakes English Tests. *Interspeech,* 1589-

1592.

Chun, C. W. (2006). An Analysis of a Language Test for Employment: The Authenticity of the PhonePass Test. *Language Assessment Quarterly, 3* (3), 295-306.

Ding, S., Liberatorea, C., Sonsaat, S., Lučić, I., Silpachai, A., Zhao, A., Chukharev-Hudilainen, E., Levis, J., & Gutierrez-Osunaa, R. (2019). Golden speaker builder - An interactive tool for pronunciation training. *Speech Communication, 115*, 51-66.

Downey, R., Farhady, H., Present-Thomas, R., Suzuki, M., & Moere, A. V. (2008) Evaluation of the Usefulness of the Versant for English Test: A Response. *Language Assessment Quarterly, 5* (2), 160-167.

Housen, A. & Kuiken, F. (2009). Complexity, Accuracy, and Fluency in Second Language Acquisition. *Applied Linguistics, 30*(4), 461-473.

Kane, M. T. (1992). An argument-based approach to validity. *Psychological Bulletin, 112*(3), 527-535.

Kane, M. T. (2006). Validation. In R. L. Brennan (Ed.), *Educational measurement* (17-64). Praeger.

Knoch, U., & Chapelle, C. A. (2018). Validation of rating processes within an argument-based framework. *Language Testing, 35*(4), 477-499.

Linacre, J. M. (1994). *Many-facet Rasch Measurement* (2nd ed.). MESA Press.

Linacre, J. M. (2020). A User's Guide to FACETS Rasch-Model Computer Programs Program Manual 3.83.4, [https://www.winsteps.com/facetman/titlepage.htm] (2023年12月31日検索)

Marslen-Wilson, W. D. (1985). Speech shadowing and speech comprehension. *Speech Communication 4*(1), 55-73.

Probst, K., Ke, Y., & Eskenazi, M. (2002). Enhancing foreign language tutors - In search of the golden speaker. *Speech Communication, 37* (3-4), 161-173.

Skehan, P. (2009) Modelling Second Language Performance: Integrating Complexity, A curacy, Fluency, and Lexis. *Applied Linguistics, 30* (4), 510-532.

Wang, R., & Lu, J. (2011). Investigation of golden speakers for second language learners from imitation preference perspective by voice modification. *Speech Communication, 53* (2), 175-184.

Yavari, F. & Shafiee, S. (2019). Effects of Shadowing and Tracking on Intermediate EF Learners' Oral Fluency. *International Journal of Instruction, 12* (1), 869-884.

ビジネス場面における部下役の敬語使用と多層的指標性

ビジネス場面における部下役の敬語使用と多層的指標性

—日本語母語場面と日タイ接触場面の比較から—

チッターラーラック　チャニカー (タマサート大学)

要旨

　本稿では、ビジネス場面における敬語使用を課題として取り上げ、タイ日接触場面と日本語母語場面の、上司と部下の社内会話を模したロールプレイのデータをもとに、尊敬語と謙譲語の使用に着目し、指標性 (Silverstein, 1976) の観点から考察した。タイ人日本語話者と日本語母語話者がそれぞれ部下役となった際の尊敬語と謙譲語の使用を「聞き手に対する使用」と「第三者に対する使用」に分けて分析した結果、聞き手に対する使用・第三者に対する使用の両方とも、日本語母語話者がタイ人日本語話者より多用する傾向が明らかになった。日タイ両者とも主に聞き手に対する敬語を多く使用するという特徴が見られた。敬語使用を考察すると、日タイ両者による敬語使用は聞き手・第三者との社会的関係及び役割を指標する機能があることが推測された。タイ人日本語話者による使用には主に上下関係を示す特徴があるが、日本語母語話者はより複雑な社会的関係を指標したものも観察された。尊敬語と謙譲語は社会的意味を示す表現として使用されることが窺えた。

キーワード：敬語、ビジネス場面、指標性、タイ人日本語話者、日本語母語話者

The Use of Honorifics by Subordinates in Business Situations and Multiple Indexicality:

Comparative Studies of Native Japanese Speakers and Thai Japanese Speakers

Chanika Chittararak (Thammasat University)

Abstract

　This paper aims to investigate the use of Japanese honorifics by Thai Japanese speakers and native Japanese speakers as subordinate during business conversations with their superiors, through applying indexicality (Silverstein, 1976) approach. By focusing on *sonkeigo* and *kenjougo* uses in role play-based conversations and analyzing the data in terms of uses towards addressee and third party, the data showed that the majority of those honorifics, by both native Japanese speakers and Thai Japanese speakers, was used to mention the addressee in the conversations. Nevertheless, *sonkeigo* and *kenjougo* used by native Japanese speakers to both addressee and third party showed more often than Thai Japanese speakers. *Sonkeigo* and *kenjougo* are also concerned as indexes representing social relationships and roles among speakers, addressees and third party. Honorifics in Thai Japanese speakers' utterances primarily indexed hierarchy relationship, yet the uses by native Japanese speakers showed more complexity in social terms which reflecting Japanese norms in Japanese society.

Keywords: honorifics, business situation, indexicality, Thai Japanese speaker, native Japanese speaker

1.　はじめに

　敬語使用には、話し手・聞き手及び第三者の関係や、場面、場の改まりの程度などによって、その複数の要素に応じた使い分けが必要とされる (蒲谷他, 2010)。敬語使用の選択の背景には、上下関係またはウチ・ソト関係という日本特有の社会的規範があると指摘されている (大久保, 2009; 滝浦, 2008 など)。また、敬語使用・不使用には、聞き手及び第三者との関係などが反映され、同じ人物に対しても文脈によって敬語の種類を切り替える可能性もある (大久保, 2009)。特に尊敬語・謙譲語の用法には年齢や立場の上下関係またはウチ・ソト関係の概念が関わっている。それらの敬語は日本特有の社会的規範に基づいてそれぞれの相互行為の文脈に依存して使用されるものとして捉え、その使用から社会的属性及び役割と、その文脈における相互構築的な関係が見られる。

　本稿ではビジネス場面における尊敬語・謙譲語の使用に着目する。ビジネス場面は公的な人間関係を持つ場面 (李, 2002) であり、文脈的要素を十分考慮した上で敬語を使い分ける知識が強く求められる。また、ビジネス場面では上下関係またはウチ・ソト関係の概念が絡むと想定されるため、文脈におけるその関係性を示すために尊敬語・謙譲語の使い分けが必要となる。しかし、異なる文化背景を持つ非日本語母語話者にとっては理解しきれないところがあることも予想される。そのため、本稿では母語話者と非日本語母語話者の両者の敬語使用に着目し、非母語話者としてタイ人日本語話者の事例を取り上げ検討していきたい。

　タイでは日系企業が増加しつつあり、職場において基礎知識として必要とされる敬語使用はタイ人日本語話者にとって時に困難であると報告されている (タナサーンセーニー他, 2005)。そして、タイ語の敬語に関してはAchari (2021)、Taniguchi and Sunisa (2022) が指摘するように、「kha」(女性語) と「krub」(男性語) を文末に付けると丁寧さが加えられるため、タイ語の敬語形式としてよく使用される。また上下関係で決定される、話し手自身に対する敬語、聞き手及び第三者に対する敬語があり、さらに王室専用の敬語や、僧侶専用の敬語があるが、これらは対象となる人物にしか対応できないものである。そして、タイ語の敬語の概念に関しては、主に上下関係が重視され、年上の部下に対しても「kha」と「krub」を付けることは珍しくないと説明されている (Achari, 2021; Taniguchi & Sunisa, 2022 など)。つまり、タイ語の敬語は使い方が常に一定している絶対敬語として使用されると考えられる。このように、タイ語の敬語と日本語の敬語にはそれぞれ特有の用法があり、敬語形式の使い方は異なる。さらに敬語使用に影響を与える概念について、タイ語の敬語は主に上下関係に左右されるが、日本語の場合は上下関係及びウチ・ソト関係という概念が関わっており、タイ語の敬語と異なっている。そのため、タイ人が日本語を使用する場合でも社会的関係の概念から表現にどのような影響を与えるかという点について検討すべきである。

　本稿ではビジネス場面における尊敬語・謙譲語の使用の実態と、その使用から多層的な指標性を明確化するために、社内会話のロールプレイを行い、部下役のタイ人日本語話者 (以下、TNS) と日本語母語話者 (以下、JNS) による尊敬語・謙譲語の使用実態の把握を課題として取り上げる。その使用から社会的関係及び役割をどのように指標しているかを検討する。

2.　先行研究

2.1　敬語の機能

　日本語の敬語には包括的な機能があり、それは言葉としての意味を伝達する機能と、社会的関係、場面、話題などの性質を表す機能である (菊地, 2005; 蒲谷他, 2010)。後者の機能は文化庁 (2007) による敬語の分類にも反映されている。文化庁 (2007) では敬語の概念及びそれに付随する機能と形式に基づき、敬語を5つに分類している。この中で特に敬語の用法に聞き手及び第三者との関係が厳密に関わるものは尊敬語、謙譲語Ⅰ、謙譲語Ⅱがある。尊敬語は「相手側又は第三者の行為・ものごと・状態などについて、その人物を立てて述べるもの」(文化庁, 2007, 14)、謙譲語Ⅰは「自分側から相手側又は第三者に向かう行為・

ものごとなどについて、その向かう先の人物を立てて述べるもの」(文化庁, 2007, 15)、謙譲語Ⅱは「自分側の行為・ものごとなどを、話や文章の相手に対して丁重に述べるもの」(文化庁, 2007, 18) と説明されている。

　上述した尊敬語、謙譲語Ⅰ、謙譲語Ⅱのそれぞれは「自分側」か「相手側」または「第三者」に分けられ、人物を立てたり、丁重さを示したりする機能があることがわかったが、これは言葉に付随するものにすぎないことが指摘されている (文化庁, 2007)。敬語には言葉が内包している意味という「言葉の世界」の機能と、人の関係性や文脈まで反映される「現実の世界」の機能があると説明されている (菊地, 2002, 3)。実際に使用される尊敬語・謙譲語は、相互行為の中で話し手と聞き手及び第三者との関係やそれぞれの役割によって使い分けられる (徳地, 1996; 大久保, 2009; Cook, 2011 など)。そのため、本稿ではそれらの関係性または役割を示すものを尊敬語・謙譲語の機能として捉える。

2.2　指標性と敬語研究

　本稿では敬語の機能を説明する際に、指標性 (Silverstein, 1976) を援用する。まず、指標性の理論的枠組みについて整理していく。Silverstein (1976) の指標性の概念においては、コミュニケーションにおける言語的要素やジェスチャーなどの言語的・非言語的なものを記号として捉え、その記号が文脈内に存在していることを指し示す場合、その機能を指標という (小山, 2009, 26)。指標には言及指示的指標と非言及指示的指標がある。前者は言語活動を通して文字通りの意味を示すものであり、後者は言語活動において言葉を内包するすべての文脈で社会的関係、アイデンティティなどの社会的・文化的意味を示すものである (徳地, 2001)。後者の指標は多次元で機能し複雑に絡まっており、このように社会的関係などを示す言葉の機能は「指標的機能」と捉えられている (Okamoto, 1997 など)。

　Silverstein (1976) では、指標されるものによって指標性が、前提的指標性 (Presupposing Indexicality) と創出的指標性 (Creative Indexicality) に分けられている。前提的指標性は前提となった話し手や聞き手の年齢や階級などの社会的属性を示すものであり、創出的指標性は新たに生み出された話し手や聞き手の間の関係性やアイデンティティを示すものとして捉えられている。この概念を受け、徳地 (2001) は談話や話し手・聞き手に関わる要因を二層に分けて捉えた上で、話し手は聞き手の年齢、職業などの社会的属性をマクロ的要因として考慮するとともに、話し手の心理的状態、ウチ・ソト関係など談話の流れの中で新たに生み出された要素をミクロ的要因として考えるべきだと指摘している。ミクロ

的要因に関わる点としては、会議や雑談などという談話が成される出来事類型から、その談話上の参加者の役割までが関わると考えられる (小山, 2009)。また、マクロ的要因・ミクロ的要因は場合によって両方が共に言語使用に影響する可能性もある (徳地, 2001) ことから、指標性を検討するにはマクロ的要因・ミクロ的要因の両者を考慮するべきだと考えられる。

　敬語との関連でいうとSilverstein (1976, 31) は敬意指標 (Deference Index) についても言及し、敬意を示す表現には話し手・聞き手及び言及された人物との間の社会的地位や年齢の差を指標する機能があると説明している。指標性を援用した敬語研究の中で、謙譲表現に関する徳地 (1996) の研究では、謙譲表現は敬意を示すものとして捉えられ、その使用には話し手・聞き手及び第三者の関係に基づいた社会心理的距離が反映されると主張している。一方、片岡 (2002) の主張には敬語を用いた発話により、社会的関係や社会的属性の他にも、場面の改まり度や話し手の品位なども指標されるという説明がある。このように敬語に付随する社会的関係、社会的属性、場面の性質を示す機能を、本稿ではOkamoto (1997) などを受けて敬語の指標的機能と捉える。敬語使用の分析を通して指標的機能を検討する際には敬意及び丁寧さの有無を示す機能のみならず、文脈に依存して果たす機能まで検討する必要があると考えられる。本稿では実際に使用される敬語を、言語活動の文脈内における会話参加者同士や話題の人物の社会的属性などを示す機能を持つものとして捉える。

2.3　ビジネス場面における敬語使用の研究

　会話データを調査した研究の中で、母語話者が使用した敬語の形式に着目した佐竹 (2016) はビジネス場面を含む母語話者の日常会話から敬体使用・尊敬語・謙譲語の使用を量的に分析した。調査結果から、尊敬語・謙譲語の使用には、職場における上司・部下の関係や、大学での教員・ゼミ生、大学での先輩・後輩という会話参加者の間の上下関係、または店員と客という立場関係や、場の改まりという社会的要素が影響していると主張している。福島 (2007) はビジネス関係者による会話をスピーチレベルの観点で分析した結果、ビジネス場面でも敬体・普通体の混用が見られたと報告している。佐竹 (2016)、福島 (2007) の調査は敬語の形式を中心に分析しているが、機能までは解明されていない。一方、Cook (2011) では母語話者同士による社内会議における尊敬語・謙譲語の使用が聞き手と第三者に分類され、指標性の観点で分析された。Cook (2011) の調査では、会議会話の中で文脈に応じた尊敬語・謙譲語の使用は、聞き手や第三者への敬意や、話し手とその人物との仕事上の役割を指標し、会議を改まった場として示す機能もあると報告されている。

　非母語話者にも注目したビジネス場面の研究に関して、日本語母語話者と台湾人日本語学習者を対象にした喬 (2014) は、ビジネス会話において両者による敬語の使用傾向を量的に分析し比較した結果、全体的に日本語母語話者による尊敬語・謙譲語の使用が多いことを報告している。台湾人日本語学習者による使用を観察すると、「お/ご」や「いただく」を含む定型的な敬語が多用されたことが明らかになった。タイ人日本語話者と日本語母語話者を対象にして社内会話を分析した研究として、チッターラーラック (2021) では敬語5分類の形式ごとに分析した結果、タイ人日本語話者は丁寧語を中心に使用する特徴が見られたが、日本語母語話者には敬語使用に多様性があることが報告されている。そして、チッターラーラック (2022) では言語形式によるスピーチレベルと各スピーチレベルから見られた機能の関連性に着目した調査から、スピーチレベルごとに、言語形式による丁寧さ以外に、話し手と聞き手の関係性や役割を示す機能と談話展開を示す機能があると考察している。以上のように、ビジネス場面における非母語話者の敬語使用について研究が進んできた。しかし喬 (2014)、チッターラーラック (2021, 2022) は非母語話者による第三者に対する敬語使用と文脈に属する社会的要因については踏み込んでおらず、課題として残された。

　以上、指標性の観点で尊敬語・謙譲語を分析した研究の中では徳地 (1996) において謙譲表現が対人関係に基づく人物の間の距離を決定するものであることが解明されたが、謙譲表現の使用を内包する文脈に属している談話上の役割性や場面の性質などという社会的要素はまだ検討されていない。Cook (2011) は、母語話者による尊敬語・謙譲語の機能を指標性の観点で明らかにしたが、調査対象者については母語話者のみのデータを扱っており、非母語話者の使用に触れていない。以上の先行研究から、尊敬語・謙譲語の使用とその文脈の社会的要素を総合的に検討することと、非母語話者による尊敬語・謙譲語の使用の特徴を解明することがまだ課題ということがわかった。そこで、本稿では非母語話者による敬語使用の観点を入れてTNSとJNSを対象として扱う。そして、聞き手と第三者に対する尊敬語・謙譲語の使用を分析し、マクロ的要因・ミクロ的要因と指標性という観点で考察する。

3.　研究課題

　本稿では、上司と部下の社内会話の中で部下役のTNSとJNSによる尊敬語・謙譲語の使用の特徴と、その使用から見られる話し手・聞き手及び第三者の社会的関係や役割などへの指標性の特徴を解明することを目的とする。本稿の研究課題は以下のように設定する。

　課題1: TNSとJNSによる尊敬語・謙譲語の使用では聞き手及び第三者に対する使用の実

態はどのようになっているか。

課題2: TNSとJNSによる尊敬語・謙譲語の使用から聞き手及び第三者との関係性はどのように示され、構築されているか。

4. 研究方法

4.1 データ概要

本稿の会話データは2018年3月〜6月に収集した。タイ日接触場面 (以下、接触場面) の協力者は、タイの日系企業に勤務する部下役のTNSと上司役のT-JNSであり、TNSはJLPTのN1またはN2合格者である[1]。日本語母語場面 (以下、母語場面) の協力者は、日本の日系企業に勤務する部下役のJNSと上司役のJ-JNSである。部下役と上司役の協力者は全員初対面で、両場面の協力者の組み合わせはそれぞれ13組、計26組である (表1)。

<表1> 両場面の調査協力者

| 組 | 接触場面 | | | | | | 組 | 母語場面 | | | | | |
| | 部下役 | | | 上司役 | | | | 部下役 | | | 上司役 | | |
	番号	性別	年齢	番号	性別	年齢		調査対象者	性別	年齢	調査対象者	性別	年齢
1	TNS1	女性	30	T-JNS1	男性	46	1	JNS1	女性	26	J-JNS1	男性	47
2	TNS2	女性	29	T-JNS1	男性	46	2	JNS3	女性	25	J-JNS1	男性	47
3	TNS3	女性	26	T-JNS1	男性	46	3	JNS4	女性	29	J-JNS2	男性	46
4	TNS4	女性	33	T-JNS2	男性	43	4	JNS5	女性	30	J-JNS2	男性	46
5	TNS5	女性	27	T-JNS2	男性	43	5	JNS6	女性	30	J-JNS2	男性	46
6	TNS6	女性	30	T-JNS2	男性	43	6	JNS7	女性	26	J-JNS2	男性	46
7	TNS7	女性	29	T-JNS3	男性	42	7	JNS9	女性	28	J-JNS3	男性	47
8	TNS8	女性	29	T-JNS3	男性	42	8	JNS10	女性	27	J-JNS3	男性	47
9	TNS9	女性	29	T-JNS3	男性	42	9	JNS11	女性	27	J-JNS3	男性	47
10	TNS10	女性	27	T-JNS4	男性	43	10	JNS12	女性	26	J-JNS4	男性	44
11	TNS11	女性	29	T-JNS4	男性	43	11	JNS13	女性	26	J-JNS4	男性	44
12	TNS12	女性	33	T-JNS5	男性	42	12	JNS14	女性	27	J-JNS5	男性	42
13	TNS13	女性	27	T-JNS5	男性	42	13	JNS15	女性	29	J-JNS5	男性	42

データはロールプレイ手法を用いて収集した。会話設定については上下関係を持つ上司と部下の社内会話である。話題はどの会社でも遭遇しやすい「忘年会」「社員旅行」「海外出張」を設定した。その中からペアで話しやすい話題または仕事上で経験した話題を2つ選択してもらい、約10-15分内でその話題について会話してもらった。協力者の中で、部下役

---

1) JLPTは口頭能力を測る項目が含まれていないが、横山他 (2004) ではJLTPとOPIの結果に相関関係があり、N2合格レベルであれば、OPIの中級−上から上級−下と想定されることが指摘されている。さらにJLPTは就職活動で使用される日本語能力測定基準であるため、本稿ではJLPTを基準として用い、N2以上に合格した協力者に依頼した。

には部下役が選んだ話題の企画の担当者になり、その話題に関わる仕事及び準備について上司に相談するという指示を出した。上司役には部下の相談を受けて 10-15 分で会話するという指示を出した。会話する際に、実務経験を生かしながら、会話を進めてもらった。収集した会話データの長さは接触場面は計123 分、母語場面は計137 分である。会話データは高木他 (2016) を参考にし、文字化した。本稿では部下役の発話を分析対象とした。TNSの総発話文数は 750 発話、JNSの場合は 917 発話である。

4.2　分析方法

4.2.1　敬語の分類

　文化庁 (2007) では、敬語が【尊敬語】、【謙譲語Ⅰ】、【謙譲語Ⅱ】、【丁寧語】、【美化語】の 5 種類に分けられているが、本稿では【尊敬語】、【謙譲語Ⅰ】、【謙譲語Ⅱ】に着目する。また、文化庁 (2007) によると、「お・ご〜いたす」は、【謙譲語Ⅰ】と【謙譲語Ⅱ】を併せた形式であり、両方の性質を持つと説明されているため、本稿では、【謙譲語Ⅰ＋Ⅱ】もう一つの種類として追加する。よって、表2 に示している【尊敬語】、【謙譲語Ⅰ】、【謙譲語Ⅱ】、【謙譲語Ⅰ＋Ⅱ】という 4 種類を用いる。分析対象となった部下役のTNSとJNS発話の中から、敬称の使用を除き、表2 の敬語分類に沿って分析を行った。

＜表2＞　尊敬語・謙譲語の分類表

分類	敬語形式
尊敬語	「いらっしゃる」、「おっしゃる」など 「お/ご〜なる」、「〜られる」、「お/ご+名詞/形容詞」
謙譲語Ⅰ	「いただく」、「申し上げる」など 「お/ご〜する」、「お/ご+名詞/形容詞」
謙譲語Ⅱ	「参る」、「申す」、「いたす」
謙譲語Ⅰ＋Ⅱ	「お〜いたす」、「ご〜いたす」

文化庁 (2007) をもとに作成

4.2.2　聞き手及び第三者に対する敬語使用の分析

　本稿では、主にCook (2011) を参考にして、敬語使用の分析対象を話し手・聞き手及び第三者に分けて分析する。部下役のTNSとJNSによる発話を分析対象として扱ったため、部下役のTNSとJNSは「話し手」、相手となる上司役のT-JNSとJ-JNSは「聞き手」、その場に存在しておらず話題に上った人物は「第三者」とする。そして、聞き手に対する敬語使用と

80

第三者に対する敬語使用に分けて分析する。課題1では、使用された敬語を表2の分類表に沿って分類し、それぞれを敬語の使用対象によって「聞き手」と「第三者」に分ける。課題2では課題1を踏まえて、Silverstein (1976)、徳地 (2001)、小山 (2009) を参考にし、尊敬語・謙譲語の使用と指標性の観点を関連させて考察する。それぞれの尊敬語・謙譲語の使用例のマクロ的要因・ミクロ的要因 (徳地, 2001) を考慮して分析する。先行研究において述べたように、コミュニケーション及び言語活動の文脈内で言葉を通して言葉通りの意味以外に、その文脈内における社会的関係などが指標されるということが指摘されている (Silverstein, 1976; 徳地, 2001; 小山, 2009)。この指摘をもとに本稿は、課題2において尊敬語・謙譲語の使用を考察する際に、表3に示すマクロ的要因・ミクロ的要因 (徳地, 2001) を考慮しながら、敬語使用の文脈における話し手・聞き手及び第三者の社会的属性や役割、関係性を指標性の観点から考察する。

<表3> マクロ的要因・ミクロ的要因の種類

分類	定義
マクロ的要因	前提となった概念や社会的属性
ミクロ的要因	談話の流れの中で新たに生み出され、談話の文脈に依存性が高い要素

徳地 (2001) をもとに作成

5. 結果

5.1 聞き手及び第三者に対する尊敬語と謙譲語の使用実態

<表4> 聞き手及び第三者に対する尊敬語と謙譲語の使用回数と割合

	尊敬語			謙譲語 I			謙譲語 II			謙譲語 I + II		
	聞き手	第三者	合計	聞き手	第三者	合計	聞き手	第三者	合計	聞き手	第三者	合計
TNS	17回 / 85%	3回 / 15%	20回 / 100%	33回 / 92%	3回 / 8%	36回 / 100%	15回 / 100%	0回 / 0%	15回 / 100%	7回 / 100%	0回 / 0%	7回 / 100%
JNS	33回 / 65%	18回 / 35%	51回 / 100%	117回 / 82%	25回 / 18%	142回 / 100%	49回 / 100%	0回 / 0%	49回 / 100%	7回 / 100%	0回 / 0%	7回 / 100%

　表4に示した結果から、【尊敬語】、【謙譲語I】、【謙譲語II】、【謙譲語I＋II】の使用回数において全体的に、TNSはJNSほど多用していないことがわかった。【尊敬語】と【謙譲語I】使用に関して、TNSとJNSの両者とも同様に聞き手に対する使用が第三者に対する使用より割合が高く見られた。そして、第三者に対する【尊敬語】と【謙譲語I】の使用は、TNSがJNSほど多用していないことが確認できた。【謙譲語II】と【謙譲語I＋II】の使用について、TNSとJNSの両者による使用は全て聞き手に対するものである。【謙譲語II】の

使用回数はJNSの方がTNSより多く、【謙譲語Ⅰ＋Ⅱ】の使用回数はTNSとJNSの発話で同じであった。今回の結果は敬語使用の回数が少なかったため、統計分析を行わず、使用回数と割合で結果を示した。

　以上、聞き手に対する尊敬語と謙譲語の使用が見られたことから、TNSとJNSは上下関係に基づき、聞き手に対する敬語を使用し、上司に敬意を示したり、丁重さを加えて会話を進めたりしたと考えられる。また、第三者に対する使用は聞き手に対する使用ほど多くないという結果になった。その理由として、第三者に対する使用は、会話展開や話題の人物との関係で敬語使用の選択に影響されることや、【謙譲語Ⅱ】のように敬語の用法により第三者に対して使用しないという制限があるからであると推察される。また、JNSの結果においては第三者に対する【尊敬語】、【謙譲語Ⅰ】の使用が多かったことから、おそらくJNSは会話において第三者について言及した際に、第三者との関係に応じた敬語を選択し使用したことが窺える。

5.2　聞き手及び第三者との関係性と指標性

5.2.1　聞き手に対する敬語使用

　課題2では聞き手及び第三者に対する敬語使用と指標性を検討していく。まず、聞き手に対する敬語の使用例を提示しながら、敬語使用を通して話し手と聞き手の関係性から社会的要素を考察していく。

　会話例1[2)]　TNSの使用例 (TNS7:部下、T-JNS3:上司)
　　01 TNS7: あの:ちょっと相談したいことがありますが（.）話したいことがありますが:
　　02 T-JNS3: はい
　→03 TNS7: ええと: 2つあります。まずええと一つ目は:忘年会の企画について相談したいと思いますがお時間は大丈夫でしょうか？
　　04 T-JNS3: はい　大丈夫ですよ。

---

2) 文字化の記号は以下の通りである。「=」発話が途切れなく接着、「:」音の引き伸ばし、「(.)」1秒未満のポーズ、「?」語尾の上昇音調。

　会話例1ではTNS7が打ち合わせをするために、上司の都合を確認している。会話例1においてはTNS7は文末に「です・ます」を使用していることから、【丁寧語】で聞き手への丁寧さが示されていることがわかった。発話03では「お時間は大丈夫でしょうか」が用いられたことで、【尊敬語】の「お時間」の使用が確認された。TNS7は「お時間」を含んだ敬語表現を使用し、発話していることによって、相手の都合を確認しているという意図が示される。同時に、指標性の観点では「お時間」の使用からT-JNS3への敬意が示されており、部下の立場であるTNS7と上司のT-JNS3の社会的立場の違いが言葉上に見られ、文脈内でTNS7とT-JNS3の間に上下関係が認められる。

　会話例2　JNSの使用例（JNS1:部下、J-JNS1:上司）
　　01 JNS1: ○○さん　ちょっとあの:（.）今忘年会と社員旅行について:ちょっと
　　　　　　あの:話したいことがあるんですけど
　　02 J-JNS1: はい
　→03 JNS1: 今お忙しいですか？＝
　　04 J-JNS1: ＝大丈夫です
　→05 JNS1: お時間いただいてもよろしいですか？
　　06 J-JNS1: はい

　会話例2では部下のJNS1が上司のJ-JNS1に【丁寧語】で話している。発話03と05でJNS1は上司の時間を確認する際に、「今お忙しいですか」と「お時間いただいてもよろしいですか」と聞いている。【尊敬語】の「お忙しい」と「お時間」、【謙譲語Ⅰ】の「いただく」の使用があった。発話03と05における【尊敬語】と【謙譲語Ⅰ】の使用でJ-JNS1への敬意が見られ、JNS1とJ-JNS1の上司・部下の関係が言葉上に反映されている。
　TNSとT-JNSの会話、またはJNSとJ-JNSの会話においては、両方とも上司と部下という社会的立場と上下関係の概念が敬語使用に重要な要因（徳地, 1996, 2001; 佐竹, 2016）だと考えられ、これらの要素はマクロ的要因と捉えられる。前提となった立場に基づいた【尊敬語】、【謙譲語Ⅰ】の使用にはTNSとJNSが部下の立場から上司に対して敬意を示すという敬意指標（Silverstein, 1976）としての機能があり、上司・部下の上下関係という社会的関係を示すものだと解釈できる。また、TNSとJNSは敬語使用によって仕事に関わる打ち合わせという場を作り上げる様子も見られた。会話開始における敬語使用を通して、改まった

会話の性質 (Cook, 2011) が示され、ミクロ的要因として談話展開に応じた改まった要素が言葉上に反映されている。よって、聞き手に対する敬語使用から、前提となった社会的立場と上下関係のほかに、ビジネス場面である改まった会話の参加者の関係性が見て取れたと解釈することができた。

5.2.2　第三者に対する敬語使用

　第三者に対する敬語使用については、社内の社会的階級に基づく上下関係の概念とウチ・ソト関係の概念を考慮しながら、話し手・聞き手と第三者の関係性に見られる社会的要素を検討する。以下、上位人物の第三者と社外の第三者に対する使用例を取り上げる。

5.2.2.1　上位人物の第三者

　会話例3　TNSの使用例 (TNS2:部下、T-JNS2:上司)

→45 TNS2: ああ：つまり　じゃわかりました。トップの方のご都合を確認して:

　46 T-JNS2: 都合確認して

　47 TNS2: それから決めましょうか？

　会話例3では社員旅行の日程について話しており、社内の上位の第三者にまで言及している。発話45と47においてTNS2はトップの都合を確認してから日程を決めるという意見を述べている。発話45では「トップの方のご都合を確認して」に【尊敬語】の「ご都合」が使用され、「方」も付加している。「トップの方のご都合」と明確に述べられているため、相手の都合ではなく、TNS2とT-JNS2よりさらに上位の立場にある第三者に対する使用であると解釈できる。また、上位の人物に言及する際、「人」ではなく「方」の使用で丁寧度をさらに高めたと考えられる。TNS2の全体的な発話からは【丁寧語】で聞き手のT-JNS2への丁寧さが保たれつつ、発話45における【尊敬語】の使用によって、社内における社会的階級、そして上下関係という概念への認識が示され、その概念に基づき、トップの地位にある人物を立て、敬意を示す意味が付随していると考えられる。【尊敬語】の使用を通して、T-JNS2、TNS2とトップの地位にある人物の間に階層のある上下関係が読み取れる。

会話例4 (JNS5:部下、J-JNS2:上司)

→133 JNS5: じゃちょっと本部長の秘書の方にご相談させていただいてちょっと日程を
あの：いただいて (.) という形で進めたいと思います。

134 J-JNS2: そうですね。それでいいと思うな：

　会話例4 の場合は、JNS5 とJ-JNS2 が忘年会の日程を決めることについて相談している。発話133 において、本部長に参加してもらうために、JNS5 は本部長の秘書にスケジュールを確認してから日程を決めると言っている。この発話から、「ご相談させていただく」と「日程をいただく」には【謙譲語Ⅰ】を含んだ表現の使用があった。この使用はJ-JNS2 に忘年会の日程について相談内容を伝えているが、発話133 における【謙譲語Ⅰ】の敬語表現は今後日程について相談する相手としての本部長の秘書に対して使用されていると考えられる。社会的立場について考えると、会話例4 における文脈から本部長の秘書が本部長のところに属している人物であることがわかるため、発話133 における【謙譲語Ⅰ】の使用を通して、JNS5 から本部長の秘書に対する敬意が示され、彼らの社内の社会的地位の違いが指標されている。また、発話133 では、文末に「ます」の【丁寧語】が用いられたところから、聞き手のJ-JNS2 への丁寧さを示していることも確認できた。

　会話例3 と会話例4 から、上下関係が敬語使用の要因 (徳地, 1996, 2001; 佐竹 2016) の主なマクロ的要因として敬語使用の選択に影響したと考えられる。TNSによる敬語使用の中で、対面している聞き手よりさらに上位の立場にある第三者に対する使用が見られた。一方、JNSの場合は、上位の人物の本人のみならず、上位の人物の領域に属している人物に対しても第三者敬語を用いる特徴が確認できた。JNSによる敬語使用には社内の複雑な社会的関係が反映されているという特徴があると言える。

5.2.2.2　社外の第三者

会話例5　TNSの使用例 (TNS13:部下、T-JNS5:上司)

50 T-JNS5: なんかチームビルディングの方は別に：泊まるホテルのボールルームとか
使って：

51 TNS13: はい

52 T-JNS5: まあホテルでやればいいでしょう？

→53 TNS13: そうですね↑ホテルにお願いして：う：ん

54 T-JNS: で：あとなんだっけ。その:遊びの方はまあどこにいくのかを決めないと

55 TNS13: そうですね。

　会話例5ではTNS13とT-JNS5が社員旅行の内容について話している。発話50と52において上司のT-JNS5はホテルでチームビルディングという活動をすることを提案しており、TNS13は発話53でホテルに依頼すると述べている。TNS13の発話53に着目すると、「ホテルにお願いする」から【謙譲語Ⅰ】の使用が見られた。この文脈における「お願いする」は第三者に対する使用であると分析する。しかし、「お願いする」は典型的な依頼表現として使われている。そのため、形式的には【謙譲語Ⅰ】であるが、会話例5の「お願いする」には人物を立てるという【謙譲語Ⅰ】の性質がなくなっていると考えられ、第三者への敬意を示す機能と、前提となった社会的属性を示すという指標的機能は考えにくいと考察される。

会話例6　JNSの使用例（JNS5:部下、J-JNS2:上司）

41 JNS5: あ　承知しました。ではまずはちょっと当部の担当のお客様というところで
　　　　　あのう各担当のお客様にまずは:ええと:まあ空きがあるのか まあちょっと
　　　　　時期も時期なので:

42 J-JNS2: そうだね

→43 JNS5: はい　あの:ご対応いただけるかというところをまず確認をしたいと
　　　思います。

　会話例6では、JNS5が忘年会の場所についてJ-JNS2に話し、担当する客の店で行うことが可能かどうかを相談している。この例では、担当の客に対して「ご対応いただける」（発話43）という謙譲表現が使用されており、この会話の文脈においては客という第三者に対する使用と分析した。社会的関係という観点から見ると、「ご対応いただける」（発話43）の使用によって、担当者の立場にあるJNS5とJ-JNS2と、顧客の立場にある話題に上った「お客様」との間の取引関係及びそこに内在する力関係が指標されている。所属という観点から考えると、ここでの客はJNS5とJ-JNS2とは所属が異なり、社外の人物として捉えることができる。この観点から、この会話を通して取引関係における力関係及び社内・社外という社会的属性に基づいたウチ・ソト関係が認められることが窺える。

　会話例5と6では社外の人物に対する敬語といっても、会話例6において見られた「お願いする」という敬語表現は幅広い文脈で使用されている。そのため、文字通りの典型的な依頼表現として捉えられるが、話し手の社会的関係や第三者との関係性への指標的機能が見えにくいと考えられる。しかし、JNSの場合は、担当者と客という仕事上の立場や、社内・社外の人物の属性に基づき、より上位概念のウチ・ソト関係まで示された。このような使用は、本稿のデータにおいてはTNSの使用には見られず、会話例6に示しているようにJNSによる敬語使用にはウチ・ソト関係を示す指標的機能が確認された。

6.　総合考察

　結果を統合して指標性の観点から考察すると、まずTNSとJNSによる敬語使用の中で、聞き手及び第三者との上下関係、ウチ・ソト関係、仕事上の役割への指標が多層的に機能していることが確認できた。TNSの結果において、聞き手と上位の第三者に対する敬語使用によって主に上下関係が示されるという特徴があったことから、TNSは聞き手と第三者の両者に対して敬語を使う際、主に上下関係を重要な規定要因として捉え、敬語の使い分けを判断したことが推測できる。この点に関しては、タイの文化では上下関係によってタイ語の敬語使用が左右され (Achari , 2021; Taniguchi and Sunisa, 2022 など)、絶対敬語として使われるため、TNSは日本語使用の場面でもその影響を受けている可能性もある。しかし、JNSの場合は敬語使用から、上位の人物本人との上下関係に留まらず、上位の人物の領域に属している人との関係も確認できた。さらに社外の第三者に対する敬語使用もあったことから、所属の違いに基づくウチ・ソト関係が見られた。JNSの敬語使用の背景には上下関係とウチ・ソト関係という概念が言葉の選択要因としてあり、相互作用における関係性に応じて、その概念が示されるように敬語を使用したことが窺えた。

　次に、マクロ的要因とミクロ的要因 (徳地, 2001) を、前提的指標性と創出指標性 (Silverstein, 1976) の観点と関連させ、データから読み取れる上下関係とウチ・ソト関係について考察する。データ中の敬語使用は、会話においての話し手のTNSとJNS、聞き手の上司及び第三者の社会的階級や社会的属性を前提とした要素及びマクロ的要因に基づくため、それらの社会的立場や社会的属性を示す「前提的指標性」が機能していると考えられる。同時に、会話の文脈内で認められた上司と部下の関係性や、第三者との上下関係、話し手や聞き手の間の具体的な関係性への「創出指標性」も存在すると解釈できる。ウチ・ソト関係に関しては、徳地 (2001) では基本的にミクロ的要因として捉えられているが、本稿で見ら

れたJNSの使用例の中で、客という第三者に対する使用に、第三者の所属や社会的属性が前提となった要素が入っている。このことから、マクロ的要因を受けて、前提となった社会的属性への指標は「前提的指標性」だと捉え、さらに相互作用の中でウチ・ソト関係が存在することを示す「創出指標性」が作用したと言える。これらの前提となった要素と談話の中で新たに出てきた要素の両方を考慮したJNSは、日本における社会的属性や社会的役割といった社会範疇に基づいているため、社会的関係の中で上下関係を超えてウチ・ソト関係を言語上に反映するように調整したと考えられる。しかし、TNSの結果においてはJNSのように上下関係とウチ・ソト関係の両方が絡み合った使用例がなかったため、TNSにとってはそういった複数の関係性の概念を言語上に反映させ、言語的に表現するということが課題となっていると考えられる。

　本稿でTNSとJNSによる尊敬語と謙譲語の使用について指標性の観点に基づき明らかにしたことから、ビジネス場面における尊敬語と謙譲語は単に敬意を示すものという役割を超え、敬語使用の文脈における話し手と聞き手及び第三者の間の関係性、または談話展開によって見られる役割を指標するものとして捉えることができる。そして、尊敬語と謙譲語は使用される文脈において指標的機能を多層的に果たす特徴があることがわかった。

7.　まとめと今後の課題

　本稿では社内会話における尊敬語・謙譲語の使用を指標性の観点から分析した。その結果から、TNSとJNSによる敬語使用の特徴と多層的指標性の特徴が明らかになった。TNSの敬語使用には主に上下関係が見られたが、JNSの敬語使用には上下関係を超えてウチ・ソト関係まで示すものもあった。また、敬語には言葉としての意味を伝えつつ、社会的関係や、談話上の役割、場面の性質まで示す機能があることが確認できた。そのため、敬語の指標的機能は「現実の世界」レベルの機能 (菊地, 2002, 3) として捉えることができると言える。しかし本稿では尊敬語と謙譲語の使用回数、特に第三者に対する使用回数が限られていたため、統計分析によって検証することができなかった。今後より豊富なデータを得るため、本稿の調査で扱われなかった協力者の性別や年齢層までを対象とし、データを収集する必要がある。そして話し手と様々な関係性を持つ第三者について言及があったため、今後第三者に対する敬語使用が求められる場面を調査する価値があると考えられる。

　今後敬語教育を実践する上で、敬語の形式の導入の他に、社会的要素、上下関係、ウチ・ソト関係の概念、人物の具体的な関係性まで重視し、学習者がそれらの概念の理解を深めら

れるような工夫が必要であると言える。本稿で得られたビジネス場面におけるタイ人日本語話者と日本語母語話者の尊敬語と謙譲語の、ロールプレイ上の使用実態の一面と指標的機能の示唆を生かし、敬語教育に貢献したいと考えている。

【付記】

本稿は社会言語科学会第44回研究大会のポスター発表の内容を加筆修正したものである。

【参考文献】

李志暎 (2002).「ビジネス日本語教育を考える」『言語文化と日本語教育』(増刊特集号 第二言語習得・教育の研究最前線), 245-260.

大久保加奈子 (2009).「尊敬語・謙譲語の機能に考察する―結婚披露宴の司会者の発話を例に―」『社会言語科学』12 (1), 162-173.

片岡邦好 (2002).「指示的、非指示的意味と文化的実践―言語使用における『指標性』について―」『社会言語科学』4 (2), 21-41.

蒲谷宏・金東奎・吉川香緒子・高木美嘉・宇都宮陽子 (2010).『敬語コミュニケーション』朝倉書店.

菊地康人 (2002).「敬語とその主な研究テーマの外観」北原保雄 (監修) 菊地康人(編)『朝倉日本語講座8』1–30. 朝倉書店.

菊地康人 (2005).「『敬語とは何か』がどう変わってきているか」『日本語学』24(11), 14-21.

喬曉筠 (2014).「ビジネス場面に見る敬意表現の使用傾向―日本語母語話者と台湾人日本語学習者の比較―」『日本語/日本語教育研究』5, 175-190.

小山亘 (2009).「シルヴァスティンの思想:社会と記号」小山亘(編), 榎本剛士・古山宣洋・小山亘・永井那(和訳) ,『記号の思想、現代言語人類学の一軌跡―シルヴァスティン論文集―』三元社.

佐竹久仁子 (2016).「日常談話にみられる敬語使用の実態」現代日本語研究会 遠藤織枝・小林美恵子・佐竹久仁子・高橋美奈子(編),『談話資料日常生活のことば』191–214. ひつじ書房.

高木智世・細田由利・森田笑 (2016).『会話分析の基礎』ひつじ書房.

滝浦直人 (2008).「ポライトネスから見た敬語、敬語から見たポライトネス―その語用論的相対性をめぐって―」『社会言語科学』11(1), 23-38.

タナサーンセーニー美香・高坂千夏子・當山純・中井雅也・深澤伸子 (2005).「ビジネスで使う日本語を考える―企業と教育現場の視点から―」『国際交流基金バンコク日本文化センター日本語教育紀要』2, 207-222.

チッターラーラック チャニカー (2021).「上下関係のあるビジネス場面における敬語使用―部下役のタイ人と

日本人の発話における敬語に着目して―」『人間文化創成科学論叢』23, 21-29.

チッターラーラック チャニカー (2022).「ビジネス場面におけるスピーチレベルと指標的機能―ロールプレイによる部下のタイ人と日本人の敬語使用を比較して―」『人間文化創成科学論叢』24, 29-37.

徳地慎二 (1996).「謙譲表現"お・ご～する"、"お・ご～いたす"と指標性について」『International Journal of Pragmatics』6, 77-98.

徳地慎二 (2001).「社会と言語を繋ぐ意味について」『社会言語科学』4(1), 68-80.

福島恵美子 (2007).「デスマス形と非デスマス形との「混合体」に関する考察―日本人ビジネス関係者の待遇コミュニケーションから―」『早稲田日本語教育学』1, 39-51.

文化庁 (2007).『敬語の指針』 https://www.bunka.go.jp/seisaku/bunkashingikai/kokugo/hokoku/pdf/keigo_tosin.pdf (2024年5月12日検索).

横山紀子・木田真理・久保田美子 (2004).「日本語能力試験とOPIの相関関係による運用力分析―技能バランスに焦点を当てて―」『第二言語としての日本語の習得研究』7, 81-99.

Achari, S. (2021). A Comparative Study on Chinese and Thai Polite Words. *Humanities and Social Sciences Journal, 12* (2), 258-271. Ubon Ratchathani Rajabhat University.

Cook, H. M. (2011). Are honorifics polite? Uses of referent honorifics in a Japanese committee meeting. *Journal of Pragmatics, 43*, 3655-3672.

Okamoto, S. (1997). Social context, linguistic ideology, and indexical expressions in Japanese. *Journal of Pragmatics, 28*, 795-817.

Silverstein, M. (1976). Shifters, Linguistic Categories and Cultural Description. *Meaning in Anthropology*, 1-55. K. Basso and H. Selby (eds.), University of New Mexico Press.

Taniguchi, R. & Sunisa, W. (2022). Examples of Attempts at Contrastive Studies between Japanese and Chinese/Thai toward Linguistic Typology. *JSN Journal, 12*(2), 2-11.

中・上級学習者による多読学習材の主観的難易度評価と
日本語文章難易度判定システムの結果の比較

―最初の1冊を選ぶために―

尾沼玄也 (拓殖大学)・佐々木良造 (静岡大学)

要旨

　教室内多読を円滑に始めるためには、適度な易しさの学習材を学習者に自ら選ばせることが重要である。本研究では、中・上級学習者による多読学習材の主観的な難易度評価と日本語文章難易度判定システムによる文章の難易度判定結果の関係から、中・上級学習者の場合、同システムで 4.9 程度と判定される学習材から多読を始めることを提案する。また、主観的難易度評価に基づいた選書の方法についても提案する。

キーワード：教室内多読、選書、日本語文章難易度判定システム

A Comparison of (a) Student' Subjective Comprehension-Difficulty Assessments, and (b) The jReadability Score of Graded Readers

Genya Onuma (Takushoku University)

Ryozo Sasaki (Shizuoka University)

Abstract

For a successful start of extensive classroom reading, students must be allowed to choose reading materials that are appropriate to their own individual proficiency levels.

We advise that extensive reading for intermediate-and-advanced students should start with materials rated at 4.9 under the jRedability Measurements System. This advice is based on the observed correlation between (a) learners' own difficulty evaluation, and (b) the above-mentioned jReadability Scores.

Further, we propose a method of selecting suitable texts using learners' subjective readability evaluations.

Keywords: extensive reading, book selecting, jReadability

1. はじめに

　多読は、辞書なしでも十分に理解できる易しい本を楽しく、速く読む (国際多読教育学会, n.d.) 活動であり、日本語教育でも多く取り入れられている。多読では学習者の言語能力を考慮して語彙や文法を統制したGraded Readersと呼ばれる多読学習材 (以下、学習材) が使用される (粟野他, 2012) ことがある。Nation and Waring (2020) は、学習材と学習者の言語能力の関係について、100 語中に含まれる未知語が 2 語以下程度であれば文法的にも概ね既知のもので構成されるだろうと述べると同時に、学習者が興味を惹かれ、もっと読みたくなるような学習材を用いるのが良いとしている。

　多読は、授業外の課題として行われる教室外多読と、授業の一環として教師の管理下で行われる教室内多読のいずれの形態でも実施されている。教室内多読における教師の役割は、学習材を準備し、授業時間内に持続的黙読時間を提供するなどの環境作りである。また、学習者に多読のルールに留意させることも重要である。粟野他 (2012) が提唱している 4 つのルール、「易しいレベルから始める」、「辞書を引かない」、「わからない言葉は飛ばす」、「進まなくなったらやめて他の本に移る」という読み方は、誰にでも容易に受け入れたり実施したりできるわけではない。さらに、教室内多読を始める際に最初の 1 冊をどのように選ぶかということも重要である。例えば、言語能力に関わらず一番易しい学習材から読ませるという方法 (酒井, 2005) などが実践経験から提唱されているが、客観的なデータに基づいた方針ではない。英語の「うまくいかない多読の問題点」として、英語に自信を持っている人に平易な英語で書かれた本を勧めるとプライドが傷つけられるケースもあげられている (高瀬, 2010, 176)。また、学習材は学習者の認知レベルや年齢に合っていることが重要だという指摘もある (畑佐, 2022)。易しい学習材のなかには昔話や小・中学校を舞台とした物語も含まれている。「成人学習者の知的欲求を満たす内容」(同上) か、注意が必要である。このようなことから、本研究では教室内多読における最初の 1 冊の選び方を考える。学習者に学習材の難しさを主観的に判断させた結果と、日本語文章難易度判定システム jReadability

(以下、日本語文章難易度判定システム)[1] を利用して判定したそれぞれの学習材の文章難易度の関係を分析することにより、教室内多読の最初の1冊として適切なレベルの学習材を選定する方法を検討する。

2. 調査の概要

　本研究では、2017、2018、2019 年度の3年間、国内のA大学で実施した教室内多読のデータを用いる。対象者は交換留学生で、A大学のプレイスメントテストとしてJ-CAT[2] (今井他, 2012) を受験し、JLPTでN3 相当以上の学生が教室内多読の授業を履修した。対象となった学習者の日本語能力がN3 以上であったことから、学習者のレベルを中級または上級と考え、以下、中・上級と表記する。対象者は3年間の合計で、漢字圏学習者 (以下、K) は45 名、非漢字圏学習者 (以下、NK) は50 名であった。全ての学習者が1学期間、教室内多読を経験した。この際、使用したのは、日本語の学習材 (「にほんご よむよむ文庫」と「にほんご多読ブックス」) のレベル0からレベル5の他、マンガ・小説などであった。また、授業では、粟野他 (2012) の多読の4つのルールを説明した上で、学習材の一番易しい「レベル0」から読むよう指示した。記録のため、学習者は読書記録 (表1) をつけた。本研究では、この記録を分析対象とした。読書記録には、読書日、学習者の主観的な面白さの評価 (その本を読んでどれくらい面白いと感じたか) と学習者の主観的な難しさの評価を星0個から5個の6段階で記入した。主観的な難しさの評価は、教室内多読実施当初、「星1つ」から「星5つ」までで評価をしていたが、「星1つ」より1段階下の評価をつけてもよいか、という意見が学習者から出たため、2017 年度から、その場合は「星0 (ゼロ)」と評価するよう指示した。

　本研究では、学習材の難易度を客観的に評価するため、日本語文章難易度判定システムを用い、学習者の主観的な難しさの評価と、同システムによる客観的な難しさの評価の関係を探る。

---

1) 読解クラスの教室支援や教材開発や、「やさしい日本語」の文章評価への貢献を目的として李他が開発したもの (李, 2016)。文章中の総文数、文の長さ、延べ・異なり形態素数や語彙レベルなどをもとに 0.4 から 6.4 までのリーダビリティのスコアを算出し、難易度を6段階で判定する。
2) J-CAT の得点と JLPT のスコア互換は [https://www.j-cat2.org/html/ja/pages/interpret.html] を参照。

<表1> 読書記録の例 (抜粋。読んだ日・おもしろさ・むずかしさは手書き。メモは省略。)

レベル	シリーズ	巻	号	タイトル	読んだ日				おもしろさ	むずかしさ	メモ
3	にほんご よむよむ文庫	3	11	幸せな王子	10	月	19	日	★★★★	★	
4	にほんご よむよむ文庫	2	9	世界のどこかで 日本のどこかで―本当にあった話―	10	月	19	日	★★★★	★★	
0	にほんご 多読ブックス	0	1	アリとキリギリス	10	月	5	日	★★★★	なし	
4	にほんご 多読ブックス	5	1	京都	10	月	16	日	★★★	★	

3. 結果と考察

　本章では、まず主観的難易度評価 (Subjective Comprehension Assessment; 以下、SCA) が学習者間でどの程度一致するかを検討する。SCAがほとんど一致するということは、中・上級レベルの学習者が「星0」、「星1つ」、「星2つ」...と主観的に判断した学習材のリーダビリティスコア (jReadability Score; 以下、RS) は、一定の幅に収まると考えられる。自ら適切な難易度の本が選べれば、不用意な選書による読む意欲の低下を防ぐことができると考えられる。次に、SCAとRSの相関関係の有無を検討する。そして、SCAごとのRSの分布を調べるため箱ひげ図を作成し、中・上級学習者にとっての「辞書なしでも十分に理解できる易しい」読み物のレベルについて検討する。

3.1　学習者間の SCA の一致度

　学習者間のSCAの一致度をみるため、SPSSver29.02 を用いてフラレイのカッパ係数を算出したところ、$k = 0.077$ ($Z = 124.9$, $p < 0.01$, $SE = 0.001$, 95%信頼性区間は 0.076 以上 0.079 以下) であった。カッパ係数は-1 から 1 までの値をとり、0 未満は"poor"、0.01 から 0.20 は"slight"、0.21 から 0.40 は"fair"、0.41 から 0.60 は"moderate"、0.61 から 0.80 は "good"、0.81 から 1.00 は"perfect"と解釈されることから、学習者間のSCAは"slight" (わずかに一致) であると言える。

3.2　主観的難易度評価 (SCA) と日本語文章難易度判定システムの結果 (RS) の相関係数

　SCAとRSに相関関係があるかどうかを検討するため、相関係数を求める。SCAは「星0」から「星5つ」の6件法の回答で、6 段階の順序尺度であると考えられ、RSは間隔尺度であ

ることから、順序尺度と間隔尺度の相関係数であるポリシリアル相関係数 (以下、相関係数) を求める。相関係数の算出に当たっては、R (4.3.2) を利用した。

　KおよびNKのSCAとRSの相関係数を求めたところ、-0.45 (n=3,933, SE=0.012, p<0.01) であった。図1は、KおよびNKのSCAとRSの散布図である。相関係数が-0.4程度であったことから、SCAとRSに中程度の負の相関があると言える。

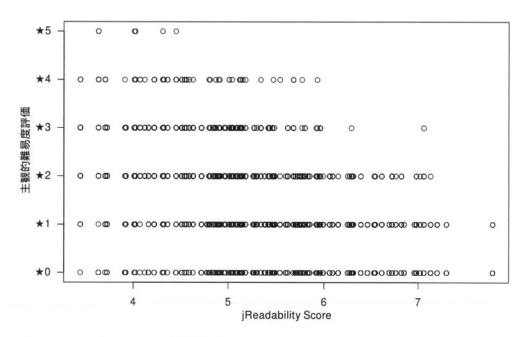

<図1＞　KおよびNKのSCA(主観的難易度評価)とRS (jReadability Score)の散布図

3.3　SCA と RS の箱ひげ図

　図2にKのSCAとRSの関係を、図3にNKのそれを箱ひげ図で示した。図2、図3ともに縦軸はSCA、横軸はRSである。SCAは数字が大きいほど難しいと感じていることを、RSは数字が小さいほど難易度が高いことを示す。図2の「星0」の箱ひげ図を見ると、「星0」と判断された学習材のRSは、3.44から7.79であった。箱の右側に破線で示されるRS7.79から6.39までが25パーセンタイル (全体の下から25%のデータが含まれていること) を占めることを示している。つまり、25%がRS7.79から6.39の学習材を「星0」と評価した。RSは6.5から5.5が初級前半レベルの学習材であると判定される。RS7.79から6.39は初級前半あるいはそれより易しい (「測定不可」) 学習材であるため、中・上級学習者の「星0」

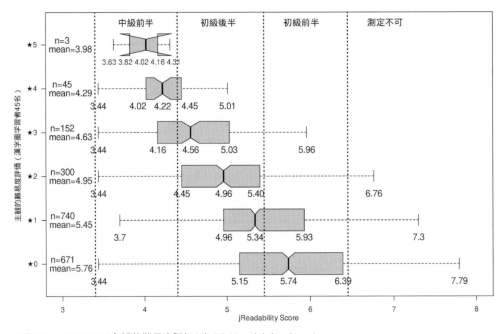

<図2> K の SCA (主観的難易度評価) と RS (jReadability Score)

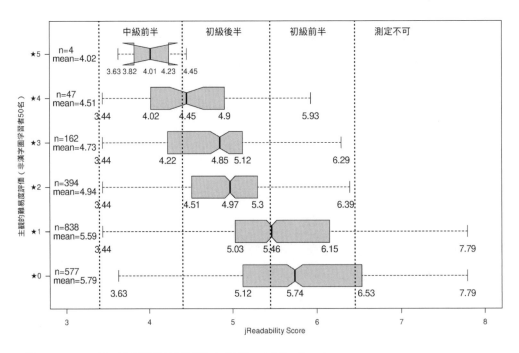

<図3> NK の SCA (主観的難易度評価) と RS (jReadability Score)

という判断は適当だろう。また、「星0」のRS6.39から5.15は初級前半・初級後半レベルの学習材であり、Kが「星0」と判断した671件の半数を占めていることを示していることから、中・上級学習者の「星0」という判断も適当だろう。次に、KのRS6.5から4.4を縦に見てみる。RS6.5から5.4が初級後半、5.5から4.4が中級前半レベルの学習材である。中・上級学習者が初級後半または中級前半レベルの学習材を読んで「星0」と判断することは十分考えられる。一方で同程度のRSの学習材を「星2つ」、「星3つ」、「星4つ」と評価している学習者も一定数存在していることから、RSが5.15から3.44までを「星0」と評価する学習者は、読解能力がかなり高いと推測できる。同様に、RS4.96から3.7の学習材を「星1つ」と評価する学習者もいれば「星0」と評価する学習者も存在する。

3.4 考察

学習者間のSCAが「わずかに一致」であったことから、学習者間のSCAは、かなりばらけていると言えよう。図2、図3で「星0」、「星1つ」、「星2つ」と判断されたRSの範囲の広さからも同じことが言える。したがって、RSを用い、学習材の客観的な難易度を示すことが適切な選書の一助となるだろう。

3.4.1 最初の1冊のRS

図2および図3から、中・上級学習者の場合、初級後半ないし中級前半レベルの学習材を「星0」と評価していることがわかった。こうした学習者が教室内多読に参加する場合、酒井 (2005) のように一律に易しいものから読むよう指示することは、前述の高瀬 (2010)、畑佐 (2022) の指摘に該当する可能性が考えられるように、教室内多読が円滑に始められないケースが生じるかもしれない。

最初の1冊として、主観的に「星0」と評価される学習材 (KはRS4.96から5.93程度、NKはRS5.03から6.15の学習材) を与える場合、事前に易しい学習材を読む目的を説明する必要があるだろう。

四分位範囲 (第三四分位数から第一四分位数を引いたもの) である箱ひげ図の箱の部分に注目すると、図2も図3も「星2つ」と評価されたものは、「星0」、「星1つ」と評価された学習材のRSとの重なりが小さい。このことから、適度な易しさの学習材として、初級後半レベルのRS4.9程度が最初の1冊に適切ではないかと推察される。

ここで図2および図3の「星0」と「星1つ」の四分位範囲に着目すると、ほぼ重なってお

り「星0」と「星1つ」の両者は、ほぼ同様の評価であるとみなすことができる。したがって、「星1つ」の学習材も「星0」と同様に最初の授業で提示する際には注意が必要である。「星0」と「星1つ」の第三四分位数の小さい方 (難しい方) のRSを見ると、Kの「星0」が 5.15、「星1つ」が 4.96、NKの「星0」が 5.12、「星1つ」が 5.03 となっていることから、RSが 5 程度の学習材は、中・上級学習者にとって、K・NKを問わず、教室内多読の最初の 1 冊として、易しい学習材に拒否感を示す学習者でも、抵抗なく受け入れられるだろう。

　再度、四分位範囲に着目すると、中・上級学習者は、「星4つ」ないし「星3つ」の学習材にある程度の難しさを感じると推察できる。他方、「星1つ」と「星0」は「易しい」あるいは「易しすぎる」と感じる可能性がある。そこで、本研究の結果から、中・上級学習者にとって「辞書なしでも十分に理解できる易しい本」として、「星2つ」と評価される学習材が適当であると考える。「星2つ」のRSの四分位範囲は、Kが 4.45 から 5.4、NKが 4.51 から 5.3 であった。また、中央値はKが 4.96、NKが 4.97 であったこと、易しいと感じるRSの上限が 5 程度であったこととあわせて考察すると、最初の 1 冊としてはRSが 4.5 から 5.0 の学習材が適当だろう。

3.4.2　最初の 1 冊の提示方法

　以上の議論から、一案として、RSが「星2つ」の中央値である 4.9 程度の学習材を最初の 1 冊として提示することができるだろう。具体的には、「にほんご よむよむ文庫」の「日本のお風呂」、「にほんご多読ブックス」の「二つのパン」、「裸の王様」がこれに該当する。

　また、「星2つ」のRSの四分位範囲を参考にして、RS5.3、5.0、4.5 程度の学習材3 冊を提示し、学習者が「星2つ」と評価するレベルのものから多読を始めるという方法も提案できる。例えば、「にほんご多読ブックス」の「老人の町」(RS5.32)、「にほんご よむよむ文庫」の「かぐや姫」(RS5.05)、「カップヌードル／ウォークマン／カラオケ」(RS4.51) などが該当する。

4.　まとめと今後の課題

　学習者の主観的難易度評価と日本語文章難易度判定システムの関係を分析し、酒井 (2005) の言語レベルに関わらず一番易しい学習材から読ませる方法の別案として、中・上級学習者には、RSが 4.5 から 5.0 の学習材を最初の 1 冊とすることを提案した。

　このように学習者のSCAとRSの関係を分析することによって、やみくもに読ませるだけ

の多読を客観的なデータに基づく読みの指導へと変えられるのではないだろうか。

　今後は、日本語学習レベルや読解能力を分けて同様の調査を実施し、最初の１冊の提案方法を検討したい。また、最初の１冊を選ぶ際に、難しさだけでなく、本の面白さや本人の興味関心を考慮する必要もあるだろう。

付記

　本研究は、科研費 (課題番号 23K00606) の助成を受けたものである。
　本研究では、科研費 (課題番号 25370573) の成果物である「日本語文章難易度判別システム」(http://jreaability.net) を利用した。

参考文献

粟野真紀子・川本かず子・松田緑 (編) (2012).『日本語教師のための多読授業入門』アスク出版.

今井新悟・赤木彌生・中園博美 (2012).『J-CATオフィシャルガイド—コンピュータによる自動採点日本語テスト』ココ出版.

国際多読教育学会 (n.d.).「国際多読教育学会による多読指導ガイド」[https://erfoundation.org/guide/ERF_GuideJ.pdf] (2023年7月8日検索).

酒井邦秀 (2005).「100万語多読とは？」酒井邦秀・神田みなみ (編著),『教室で読む英語100万語—多読授業のすすめ』(3-32). 大修館書店.

高瀬淳子 (2010).『英語多読・多聴指導マニュアル』大修館書店.

畑佐由起子 (2022).『学習者を支援する日本語指導法I　音声 語彙 読解 聴解』くろしお出版.

李在鎬 (2016).「日本語教育のための文章難易度に関する研究」『早稲田日本語教育学』21, 1-16.

Nation, P. & Waring, R. (2020). *Teaching Extensive Reading in Another Language*. Routledge.

自己紹介にはどのような対立やジレンマが伴うのか

—協働オートエスノグラフィーをもとに—

中井好男 (大阪大学)・高智子 (国際交流基金関西国際センター)

津坂朋宏 (東京福祉大学)・荻田朋子 (関西学院大学)

鎌田修 (元・南山大学)・北川幸子 (東洋大学)

要旨

　多様な人々が暮らす共生社会の実現にはプロフィシェンシーの多層的な側面について検討する必要がある。本研究はその課題に向き合う中で明らかになった自己紹介という自己表現活動にまつわる困難を取り上げ、多層的なプロフィシェンシーの一側面について論じるものである。自己紹介は日本語学習の初歩段階で登場するが、定型的な側面がある一方で、実際は参加者の期待に合わせた形での自己開示を迫る高度な調整能力を有する言語活動であると言える。自己紹介での自己開示は、偏見をもたらすラベリングにつながる可能性があるだけではなく、その場にいる他の参加者にも同様の自己開示を迫る返報性が働くためである。本稿では、協働オートエスノグラフィーを用いて台湾華僑3世である高氏 (第2著者) の自己紹介の経験を分析し、自己紹介における自己開示にはどのような対立やジレンマが伴いうるのかを明らかにする。その結果をもとに、多層性のあるプロフィシェンシーの一側面について考察する。

キーワード：自己表現活動、社会的マイノリティー、自己開示、ラベリング、返報性

Exploring Conflicts and Dilemmas in Self-Introductions through Collaborative Autoethnography

Yoshio Nakai (Osaka University), Tomoko Koh (Japan Foundation)

Tomohiro Tsusaka (Tokyo University of Social Welfare)

Tomoko Ogita (Kwansei Gakuin University)

Osamu Kamada (Formerly at Nanzan University)

Sachiko Kitagawa (Toyo University)

Abstract

In order for diverse people to live together, there is a need to consider proficiency in a multilayered way. This research note discusses one aspect of multilayered proficiencies through an analysis of difficulties in the self-expressive activity of self-introduction. Self-introduction appears at the initial stage of Japanese language learning. While it has a formulaic aspect, it is in fact a highly coordinated language activity that requires self-disclosure in response to participants' expectations. This is because self-disclosure in self-introduction has not only the potential to lead to labeling that can lead to prejudice, but also a retroactive nature that forces other participants to self-disclose as well. Using collaborative autoethnography, this paper analyzes the self-introduction experiences of Ms. Koh (second author), a third generation overseas Chinese from Taiwan, to identify what kind of conflicts and dilemmas self-disclosure in self-introduction can cause. Based on the results, this paper discusses an aspect of multi-layered proficiencies.

Keywords: self-expression activity, social minorities, self-disclosure, labelling, reciprocity

1. はじめに

　現在、社会はAIなどの科学技術の進歩や人の移動に伴う変化の中にあり、多様性を包摂する社会のあり方も従来とは異なった新たな局面を迎えている。この社会のあり方を考え、その形成に多大な影響を与えるものの一つに教育がある。白井（2020）は、その教育の指針であるOECD Education 2030（Future of Education and Skills 2030 プロジェクト）において、伝統的に重視されてきた知識・スキルを超える力となる態度及び価値観が、個人及び社会全体のウェルビーイングのためのキー・コンピテンシーとして問われるようになってきていると指摘している。それを踏まえると、言語のプロフィシェンシーにおいても知識・スキルだけではなく、態度・価値観を含めた、より多層的なプロフィシェンシーが求められることになると考えられる。筆者らは、このような現状について日本語教育においても再考すべき課題として議論を重ねてきた。本研究では、その過程で浮かび上がった自己紹介場面を一例とし、多層性のあるプロフィシェンシーの一側面について検討することを目的とする。

　自己紹介とは「自分がどのような人物であるかを他者に言語的に伝える行為」(榎本, 1997, p. iv) であり、日本語教育では、初級の最初に「XはYです」の文型導入を兼ねて扱われていることが多い。自分を名乗る自己紹介は自己表現活動の一つであり、マスターテクストアプローチ (西口, 2010) や総合活動型日本語教育 (細川, 2019) などでは、自己表現活動の重要性が指摘されている。しかし、自己表現活動は自己開示を伴い得ることから、一部の人々にとっては、心理的負荷の大きい活動であると言える。特に、自己紹介では、他者との関係性における自身の捉え方を明らかにする必要もあり (柳内・茅野, 2021)、多様な背景を持つ人々やマイノリティ性を有する人々にとっては、このタスクがいかに複雑で、高度な調整能力を伴う言語活動であるのかということが推察できる。

　以上のような問題意識をもとに、自己紹介における自己開示にはどのような対立やジレンマが伴いうるのか、当事者と非当事者とが共に活動場面を振り返る協働オートエスノグラフィー (Chang, Ngunjiri & Hernandez, 2013, Collaborative Autoethnography, 以下、CAE) を用い、第二著者である高氏の自己紹介場面を振り返った。その結果、高氏が抱えていた対立、ジレンマとして①「語学教科書に登場する自己紹介表現の選択肢の少なさ」②「自己紹介タスクの見えない『範囲』」③「日本語は誰のものか」という三つの課題が浮かび上がった。以下に高氏のオートエスノグラフィー（Autoethnography、以下、AE）とそれをもとにした考察を記す。

2.　研究方法と手順

2.1　協働オートエスノグラフィー

　AEとは、自身の経験についての自己再帰的な考察を通して、文化や社会への理解を深める手法である (井本, 2013)。本研究ではこのAEを協働的に進めるCAEを採用し、高氏と5名の共同研究者とのディスカッションをもとに、高氏がAEを記述した。CAEを採用したのは、片田他 (2021) がCAEは当事者の視点を最も有効的に反映させうる方法であると述べている通り、対話を通し、他者の視点からも自分自身や自身の経験を捉えることができ、俯瞰して過去の経験や自分自身を見つめる機会が増えるなどの利点があるためである。本研究でも、CAEによって内省の記述が深化した高氏の当事者としてのAEをもとに記述する。

2.2　手順

　本研究は共生社会の実現に向けた日本語教育のあり方に関するワークショップがきっか

けとなって始まったものであり、共同研究者はその際のグループのメンバーであった。共同研究者らはコーダやCLD児 (Culturally and Linguistically Diverse Children)、CLD児保護者、視覚障害を持つ学習者への日本教育実践者、言語環境研究者という立場から、多文化共生やマイノリティの視点を軸に日本語教育の実践と研究に関わっている者である。すでに高氏と以前から教育や研究について語り合う関係にある1名を除いて、ワークショップで出会うまでは高氏と面識も交流もなかった。ワークショップ以降、下記の手順で高氏のAE作成に向けた作業を行った。まずステップ1としては、自己紹介の場面で葛藤や難しさを感じた経験をもつ高氏に自身の経験を記述してもらい、その内容をクラウド上で共同研究者全員が共有した。次に、ステップ2として、共同研究者らが高氏の記述を読んだ上で、高氏を含めた全員での90分程度のディスカッションをZoomで行った。ディスカッションでは、高氏の記述内容に対し、「そのときどのような気持ちだったのか」「なぜそうしたのか」など、高氏の内省を深める質問をした。その後、ステップ3として、高氏がディスカッション時のやりとりやメモ、ディスカッションの文字起こしデータも参照しながら、自身の経験の更なる内省を通して、当時の心理的状況や背景にある社会や文化についても考察しつつAEの加筆修正を行った。最後のステップ4では、ステップ3で高氏が完成させたAEを共同研究者らが読んだ上で、再度高氏とのディスカッションをZoom上で行った。その際、高氏の自己紹介における葛藤や難しさの背後にある問題や課題について複眼的に考察を行った。本研究では、ステップ3で作成された高氏のAEとそれをもとに行った自己紹介に関する課題についての筆者らの考察を4節に、自己紹介における多層性のあるプロフィシェンシーのあり方についての考察を5節に示す。CAEの作業日時は次のとおりである。

ステップ1：2023年5月21日〜2023年5月26日
ステップ2：2023年5月26日 (90分程度)
ステップ3：2023年5月27日〜2023年6月2日
ステップ4：2023年6月8日 (90分程度)

3. 高氏の AE

以下に、CAEを通して記述した高氏のAEと記されている経験についての考察を記す。

まず、高氏のバックグラウンドについて簡単に紹介しておく。高氏は、祖父母の代に台湾から日本に移住した台湾華僑第3世であり、母語は日本語である。台湾の日本統治時代に

日本語教育を受けた祖父母は日本語と台湾語の両方が話せたことから、家庭内は日本語と台湾語が飛び交う環境であった。そのため、高氏は台湾語を一部継承している。しかし高氏の家庭内言語に、現在台湾の公用語として使用されている中国語はなく、外国語大学の中国語学科に進学したことにより、初めて中国語を学び始めた。

　以上の背景を持つ高氏のAEの中から、自己紹介場面において感じた葛藤と困難に関するエピソード（タイトルを＜＞で示す）を記す。前述したように、AEは上記のステップ1から3までの過程を経て、高氏が他者の視点を得て自身の経験について内省したり、整理したりしたものである。

＜語学教科書に登場する自己紹介表現の選択肢の少なさ＞

　外国語大学在籍時、中国語の授業で「私は〜です」にあたる「我是〜」を勉強した。教科書の例文「我是＜田中恵美＞。我是日本人。(私は田中恵美です。私は日本人です)」を使用して自己紹介をしなければならなかったのだが、私は「日本人ではない私」と「台湾人であるが台湾のことを知らない私」の狭間で、なんと言えばいいのかわからなかった。「日本人」を選択すれば、私は「自分」ではない自分を紹介することになり、「台湾人」と言えば、中国語学科の先生や学生たちは私のことを「(台湾から来た)台湾人」だと考えるかもしれない。いずれにしても「自分」とは違うものとして捉えられる可能性があった。「高」という苗字は「外国人」を想起させるものである一方で、日本語母語話者である私の日本語は「外国人」を想起させるようなレベルではない。そのため、私は「日本人」や「(台湾から来た)台湾人」のように、自分とは全く違うものとして扱われることを幼少期の頃から経験してきた。そして、その中で、自己紹介の仕方が他者からの認識をどう変えるのかという「シミュレーション」を習慣化してきた。中国語の授業時の自己紹介場面での迷いは、この過去の経験やシミュレーションからくるものであった。

＜自己紹介タスクの見えない「範囲」＞

　私は(他の筆者らと共に)とある研究会のワークショップに参加した。その際、最初にグループメンバーでの自己紹介をすることとなった。グループのディスカッションテーマが「共生社会」や「マイノリティ」であったため、メンバーは「テーマに沿った経験」と「自分」を紐づけるようなエピソードを交えて自己紹介していった。私は、初対面の人もいたため、「名前」だけを言うべきか、自分が「台湾ルーツ」であるということまで自己開示をす

べきか迷った。その迷いの理由は、ディスカッションテーマに「マイノリティ」が掲げられ
ているグループで、自分が「外国ルーツ」であることを開示することは、「自分はマイノリ
ティである」と主張していると判断される可能性があったからだ。私は、神戸の中でも外国
人が多く居住している地域で、自分と同じく外国にルーツを持った人々と、そういった環境
に慣れた日本人たちに囲まれて育った。そのため、自分が「外国人」であることは「当たり
前」のことであり、「マイノリティ」だと感じたことはなかった。しかし、グループの自己
紹介では、視覚に障害を持った学習者、団地の中の外国人と日本人の確執、手話の話、国際
結婚家庭…など、次々と「マイノリティ」と「自分」を紐づけたエピソードが語られていっ
た。そのため、自分の中に「マイノリティ」に値するエピソードがこれといってなかった私
は、何も出せない自分に焦りを感じ始めた。その場の「自己紹介」が、「マイノリティ」に
紐づいたエピソードを、他の参加者と同じ程度のインパクトを持つ内容で話さなければなら
ないような雰囲気を醸成していると感じ、プレッシャーを感じさせられた。結局、私は「自
分のルーツ」の話をテーマに紐づけて話すことにした。

＜日本語は誰のものか＞

　日本語教師である私は日本国内外の日本語教育機関で働いた経験がある。まず、国内の
機関で担当していたのは、就職、趣味、生活という目的で留学に来た人たちのコースで、国
籍やバックグラウンド、年齢など背景の異なる多様な学習者が学んでいた。この学校では、
新学期開始時に担任教師がオリエンテーションを行っている。ある新学期、いつも通り自己
紹介をし、オリエンテーションを終えて教務室に戻ると、事務員から呼び出され、「学生か
ら『苦情』が出ている」と言われた。その「苦情」とは、私のクラスに在籍するアジア圏の
学習者から寄せられた、「せっかく日本に留学に来たのに、外国人の先生に教えられたくな
い」というものだった。私は、オリエンテーションの自己紹介では「名前」は言うが、ルー
ツまでは話さない。なぜなら、「台湾ルーツ」だと話すことによって、特定の学習者をひい
きするのではないかというイメージを持たれないようにするためだ。苦情を言った学習者は
漢字圏出身ではなかったが、少なくともネイティブの日本語の先生といえば日本人であると
思っていたのであろう。また、国外の漢字圏地域の教育機関で働いていた頃にも、これと同
様の問題が起きた。その教育機関は、自治体が運営する、市民に「生涯教育」を推奨するた
めの日本語教育機関だった。その機関には日本から来る「外国籍（つまり日本人）教師」が
１名所属しており、生活の中で「日本人」と接する機会がほぼない学習者たちにとっては日

本人との接点を持ついい機会となっていた。私はその外国籍教師として赴任した。授業開始時のオリエンテーションで自己紹介をしたところ、一部の学習者が私の名前に着目し、自分たちと同じ中華圏の「苗字」であることから、「新しい先生は日本人じゃないの？」と困惑したのである。これらの経験を重ねることで、私はオリエンテーションでの自分の自己紹介が学習者の困惑を引き起こすことを、ある程度は「仕方がないこと」と捉えている。しかしながら、学習者の多様化が進んでいる現在、教師も同様に多様化しているのにもかかわらず、「ネイティブの日本語教師は日本人である」というバイアスを持っている学習者がまだ少なからず存在することを感じ、多様な背景を持つ教師の存在をもっと知ってほしいと感じるようになった。また、この経験から「日本語をネイティブレベルで話すのは『日本人』だけなのか」という疑問を抱くようになった。そして、国内・海外問わず、学習者の中にある、母語話者主義的イデオロギーの可能性を感じるようになり、「外国にルーツを持ち、日本語が母語の者」、「日本語レベルが超級に達した学習者」、「ゲームを通じて日本語と接触し、体系的に学習したことはないが、大変小粋な日本語を使える外国人」など多様な日本語話者は永遠に周縁化されているのではないだろうかと怖れを感じるようになった。そして、今一度、「日本語は誰のものであるのか」という点を考え直したいと思った。

4. 高氏の AE をもとにした自己紹介についての複眼的考察

　ここではステップ３までで抽出された高氏のAEの中に現れた、自己紹介における問題や葛藤について共同研究者らで複眼的に行った考察を記述する。

　まず、筆者らは一つ目のエピソードが示すのは「○○人」の概念と高氏のアイデンティティに関連するものであると考えた。アイデンティティに関しては、エリクソン (2011) が「内的な不変性と連続性を維持する各個人の能力 (心理学的意味での個人の自我) が，他者に対する自己の意味の不変性と連続性に合致する経験から生まれた自信」と定義している。私たちは、自身を唯一の存在であり、過去から現在、さらには未来において連続する存在であると認識すると同時に、その自己についての認識と他者が自身に対してもつ認識とが一致することで自己のアイデンティティを保っている。さらに谷 (2001) は、自身が明確に自己について認識している感覚を「対自的同一性」、その対自的同一性が他者が認識する自身と一致する感覚を「対他的同一性」、さらには自分らしく生きられているという自身と社会との結びつきを示す「心理社会的同一性」に分類している。

　エピソード１で語られた高氏の葛藤は、対自的同一性と対他的同一性に生じる認識のず

れに起因するものであると言える。高氏は自身を「華僑3世の台湾人」と認識し、そこに対自的同一性を得ているが、「日本人」や「台湾人」と表現することで、自身の「対自的同一性」が保てなくなる。また、「台湾人」と表明することで「台湾から来た台湾人」と他者から認識されるなど、対他的同一性においても齟齬が生じる。高氏は、「(台湾から来た) 台湾人」のように自身の認識とは異なる、いわゆるラベルを貼られることで生じる対自的同一性と対他的同一性におこる齟齬を幼少期から何度も経験している。そのため、「私は○○人です。」と言わせる練習は、高氏にとって自己を表現するためのものにはならないばかりか、相手の誤解を招くことで他者との関係性に影響が及ぶことになる。つまり、この練習は高氏の心理社会的同一性をも揺るがす活動になってしまうのである。

　次に、二つ目のエピソードからは、自己紹介はたとえ自由度が高く設定されていても、自己紹介が行われている「場」、自己紹介の「目的」、自己紹介に参加する「人」によって共有される前提があり、それによって話すべき内容がある程度決まってしまうのではないかと考えた。また、その内容を決めるのは上述の三つの前提だけではなく、他の参加者の話す内容もその要因の一つとなる。特に、自己紹介の内容が葛藤や苦痛を伴う経験を開示するようなものである場合、他の参加者にも同様の開示を迫る自己開示の返報性が働く。自己開示の返報性は、自己開示された内容と同程度のレベルで相手に自身を開示しようとする現象のことである (Jourard, 1959)。自己開示の程度については、その内容が社会的に望ましくない場合、感情的な動機をもとに自ら進んで開示するよりも、相手に尋ねられたから答えようという規範性をもとに開示するケースの方が多いことが報告されている (熊野, 2002)。高氏が感じた自己開示のある種の強制性は、相手の自己開示に応えようとする自己開示の返報性から来るものであり、熊野の指摘にあるように直接尋ねられるといった規範性に基づく自己開示ではなかったことが、高氏の心的負担感を高めたのではないかと推察される。

　最後に、三つ目のエピソードからは、「日本人である」とはどういうことなのかという問いが日本語教師には常に突きつけられており、それに気づき、向き合っていくことの重要性が示唆されているのではないかと考察した。エピソードが示すように、自己紹介場面では、すでに述べた自己紹介の場、目的、参加者の属性といった前提によって、「日本人」とは誰かという問いが表出し、自己紹介が葛藤を生み出すものになることがある。それは、自己紹介で行われる相互承認が自己紹介の受け手側を支配するネイティブスピーカリズムによって時として阻害されてしまうためである。母語話者をモデルとするネイティブスピーカリズムは、英語教育において見られる弊害 (Holiday, 2005) だけではない。高氏と類似する体験談

を持つノンネイティブ日本語教師の経験を分析した中井 (2019) では、日本社会や日本語教育においても影響を及ぼしていることが指摘されている。

　ハインリッヒ (2021) は、「『ネイティブ』を基準・モデルとしたいわば『国語』が提示されている日本語教育の、言語、話者、社会に対する立場は、日本人の間や日本社会の中に存在する多様性をないものとみなす (ハインリッヒ, 2021, 17)」と述べている。日本には留学生や技能実習生など、日本語を第二言語とする人々が多く暮らしているが、「国語」を提示する日本語教育が彼らの多様性を消し去ろうとする側面を有していることは容易に理解できる。しかし、現実はそれだけにとどまらない。高氏のように、外国にルーツを持ちながらも日本で生まれ育ち、日本語を母語として生きる人々が「ネイティブ」と「ネイティブ」が用いる「国語」によって無標化されている現状にも目を向けなければ、日本語教育は「日本人」が「日本語」を特権化し、「日本人」以外の人を「非日本人」として周縁に追いやってしまう社会構造を維持していくことになる。上記の指摘は、すでにあげた二つのエピソードを包括する課題に触れており、日本社会で広く唱えられる共生社会の実現を考える上で避けては通れない根本的な課題であると言える。

5.　高氏の AE をもとにした自己紹介場面における多層的なプロフィシェンシー

　本研究では、自己紹介場面を一例とし、多層性のあるプロフィシェンシーの一側面について明らかにすることを目的として考察を深めてきた。その過程で多様な背景を持つ人々やマイノリティ性を有する人々にとっては、自己紹介タスクがいかに複雑で、高度な調整能力を伴う言語活動であるのかという課題が浮かび上がった。その課題を解決するためには、プロフィシェンシーを言語の熟達度を測るという能力の観点とは別に捉えることが重要である。その際、春原 (2009) が指摘する社会文化的プロフィシェンシーの定義が参考になる。この文脈では日本人は母語話者であることの特権性を有しない。なぜなら、「能力は存在者や行為者のあいだに分かち持たれるという能力観への転換を要請する (春原, 2009, 72)」からである。

　例えば、一つ目の＜語学教科書に登場する自己紹介表現の選択肢の少なさ＞のエピソードからは、高氏の第二言語としての中国語のプロフィシェンシーという一義的な議論だけではなく、高氏の自己紹介場面の教室では、社会文化的プロフィシェンシーが十分ではないことを指摘できる。そしてそれは高氏の教室にとどまらず、言語教育において多様な社会文化的背景をもつ日本語使用者を排除したパターナリズムが流布しているためであると考えられ

る。

　次に、二つ目の＜自己紹介タスクの見えない「範囲」＞の事例は、高氏にとっては母語である日本語での自己紹介であり、言語プロフィシェンシーの観点からは説明がつかない。自己紹介場面における自己開示の範囲は、一見すると自己決定でなされたことのように思われるが、高氏のエピソードからはそうではないことが指摘できる。しかしそこに、「場」のプロフィシェンシー (春原, 2009) の観点を用いると次のように説明することができる。春原は他者との交点を希求する気持ちが強くなると、他者のまなざしの中に自画像を探し、自分を見失っていくことにもなりかねないと指摘している。自己紹介はその場の参加者との関係性を構築するための第一歩として行われることが多く、他者の自己開示の返報性によって望まない自己開示が引き起こされがちである。そのため、関心領域で結集する場合は、関心領域をもとに集まること自体に目を向け、客観視する姿勢を持つこと、参加する「場」の特性に自覚的になること、議論の中で周縁化されている人々や事柄に対する関心を寄せることなどが肝要だということである。

　さらに、三つ目の＜日本語は誰のものか＞のエピソードからは、「日本語」＝「日本人」定理によって「日本人」以外の人を「非日本人」として周縁に追いやってしまう社会構造が生み出されていることを指摘した。当然のことながら、日本語は日本人だけのものではなく日本人が使う日本語が正統なものであるわけでもない。つまり、「日本語の使用」についても多層的なプロフィシェンシーを考察する重要性が指摘できるということである。この日本語使用については、例えば、松田 (2021) が主体的使い手のプロフィシェンシーとして、JHL (Japanese as a Heritage Language) 話者には方言の使用、主体的なtranslanguaging、言語世界の文脈化など、オーセンティックな日本語使用がみられると指摘している。つまり、社会文化的プロフィシェンシーとは、松田が指摘する日本語使用の主体性にも関わるものであり、対話が行われる文脈や対話を行う人が有する社会文化的要素を踏まえ、相手との関係性を主体的に調整しながら構築していく力も社会文化的プロフィシェンシーには重要であると考えられる。そしてその主体的に調整する力は、「多言語多文化的なさまざまな課題や事態に取り組んでいく日常的・恒常的な底力、社会実践能力」(春原, 2009) を基盤とする「対話の能力」と談話を共に構築する「共話の能力」(中井, 2022) であると捉えることができる。以上のように、多様な人々が暮らす共生社会の実現を目指すには、プロフィシェンシーの多層性について考えなければならないことを指摘することができるのである。

6. まとめと今後の課題

　高氏の経験の分析と考察によって、自己紹介というタスクは教科書で位置付けられているほど初歩的でやさしいタスクであるとは言えない側面があることが明らかになった。自己紹介はそれを行う目的や、他の参加者の自己開示による返報性などの影響をうけ、本人が望まない自己開示が当然のこととして要求されるという危険性がある。また、自己紹介後にはその内容をもとにしたラベリングが生じる可能性もある。そのため、今回の事例で浮かび上がった問題点を踏まえると、自己紹介活動時においては、次のような点に留意する必要があると言える。まず、「自分を語ることの大切さ」を強調することは、人によっては望まない自己開示を迫ることにもなりうるということを参加者が認識しておくこと、次に、語りたくないときには語らない選択ができるようにするだけでなく、回避のストラテジーも提示すること、さらに、多様な日本語話者や日本語の存在を可視化し、多様性に対する配慮を意識すること、最後に、表現のバリエーションを参加者全員で考え、常に複数提示していくことなどである。このように個とその多様性を尊重した自己紹介活動を行うことによって、社会的なマイノリティ性をもつ人々の周縁化を避けることができるのではないだろうか。しかし、本稿では高氏の経験のみを事例としているため、自己紹介はさることながら、それを含めた自己表現活動に必要なプロフィシェンシーの多層性についてさらに明らかにすべく、引き続き多様な背景を持つ日本語話者の事例を分析し、考察を深めていく必要がある。

謝辞

　本論考をまとめ、掲載していただくにあたって、多くの方からのご助言とご協力をいただいた。なお、本研究はJSPS科学研究費補助金 課題番号22K00666の助成を受けたものである。

参考文献

井本由紀 (2013).「オートエスノグラフィー」藤田結子・北村文編,『現代エスノグラフィー：新しいフィールド
　　ワークの理論と実践』104-111. 新曜社.

榎本博明 (1997).『自己開示の心理学的研究』北大路書房.

E.H.エリクソン (著), 西平直・中島由恵 (訳) (2011).『アイデンティティとライフサイクル』誠信書房. [Erikson,
　　E.H. (1959). Identity and the Life Cycle. *Psychological Issues. Vol.1.* No.1. Monograph1. International
　　Universities Press]

片田真之輔・大川ヘナン・なかだこうじえんりけ (2021).「違和感とフラストレーションを起点とした協同的オートエスノグラフィー」『未来共創』8, 145-175. 大阪大学人間科学研究科附属未来共創センター.

熊野道子 (2002).「自ら進んで自己開示する場合と尋ねられて自己開示する場合との相違」『教育心理学研究』50, 456-464. 日本教育心理学会.

白井俊 (2020).『OECD Education2030プロジェクトが描く教育の未来:エージェンシー、資質・能力とカリキュラム』ミネルヴァ書房.

谷冬彦 (2001).「青年期における同一性の感覚の構造－多次元自我同一性尺度 (MEIS)の作成」『教育心理学研究』49 (3), 265-273. 日本教育心理学会.

中井好男 (2019).「ことばの市民として日本で生きる韓国人女性の生の物語－レジリエンスと行為主体性を生成する言語文化教育へ」『言語文化教育研究』17, 277-299. 言語文化教育学会.

中井好男 (2022).「コーダである私に映る共生とプロフィシェンシー」鎌田修・由井紀久子・池田隆介(編),『日本語プロフィシェンシー研究の広がり』31-45. ひつじ書房.

西口光一 (2010).「自己表現活動中心の基礎日本語教育－カリキュラム、教材、授業」『多文化社会と留学生交流：大阪大学留学生センター研究論集』14, 7-20. 大阪大学留学生センター.

ハインリッヒ　パトリック (2021).「ウェルフェア・リングイスティクスとは」『ともに生きるために－ウェルフェアリングイスティクスと生態学の視点からみることばの教育』11-35. 春風社.

春原憲一郎 (2009).「第4章 社会文化的プロフィシェンシーとは何か－社会的交渉を可能にする公共的プロフィシェンシー試論―」鎌田修・堤良一・山内博之 (編),『プロフィシェンシーと日本語教育』69-97. ひつじ書房.

細川英雄 (2019).「ことばの活動によるコミュニケーションとその教育の意味―欧州評議会における言語教育政策観の推移から」佐藤慎司(編),『コミュニケーションとは何か―ポスト・コミュニカティブ・アプローチ』56-75. くろしお出版.

松田真希子 (2021).「生きたことば」の主体的使い手としてのプロフィシェンシ―日本語継承語話者のことばの使用から見えるもの―」『日本語プロフィシェンシー研究』9, 14-33. 日本語プロフィシェンシー研究学会.

柳内桃代・茅野理恵 (2021).「ネガティブ情動への否定的評価が自己開示の抵抗感に及ぼす影響」『信州心理臨床紀要』20, 179-190. 信州大学大学院総合人文社会科学研究科心理教育相談室.

Chang, H., Ngunjiri, F. W., & Hernandez, K.C. (2013). *Collaborative Autoethnography*. Routledge.

Holiday, A. (2005). *The struggle to teach English as an international language*. Oxford University Press.

Jourard, S. M. (1959). Self-disclosure and other-cathexis. *The Journal of Abnormal and Social Psychology, 59*(3), 428-431.

書評『ことばの教育と平和』

—争い・隔たり・不公正を乗り越えるための理論と実践—

鎌田修 (元・南山大学)

要旨

　本稿は佐藤慎司・神吉宇一・奥野由紀子・三輪聖編著『ことばの教育と平和—争い・隔たり・不公正を乗り越えるための理論と実践—』(2023年明石書店A5版全334頁) の書評である。本書は問題の背景と理論的枠組みを示した序章を含め、10篇の論文からなり、それぞれの立場から言語教育が達成できる世界平和とは何かを論じている。文法、教授法の議論から離れたマクロレベルの言語教育論の成果と限界が窺えるものである。

キーワード：平和、クリティカル・ペダゴジー、民主的シティズンシップ、内容言語統合型学習、コミュニケーション

Book Review

Language Education and Peace:

Theory and Practice for Overcoming Conflict, Division and Injustice

Osamu Kamada (Formerly at Nanzan University)

Abstract

This is a book review of *Language Education and Peace: Theory and Practice for Overcoming Conflict, Division and Injustice,* edited by S. Sato, U. Kamiyoshi, Y. Okuno and S. Miwa (2023 Akashi Shoten). This book consists of 10 articles, including an introductory chapter that presents the background and theoretical framework of the problem. Each chapter discusses what kind of world peace language education can achieve. This book review acknowledges the contributions of macro-level language education theory to the world peace, while also pointing out its limitations.

Keywords: peace, critical pedagogy, democratic citizenship, Content and Language Integrated Learning (CLIL), communication

1. はじめに

　言語教育、とりわけ、外国語 (以下、「第二言語」あるいはL2) の教育に従事する者において国と国を繋ぐ平和への貢献を望まない者はいないであろう。しかし、この書評を書いている今も、多くの所で武力による戦いが現実のものになっている世界情勢はそのような思いを微塵たりとも受容しない。日本はもちろん、世界で最も広範囲に行われている英語教育のみならず、本誌が対象とする日本語教育、日本語のプロフィシェンシー研究に関わる我々はこれまで一体何をしてきたのだろうか・・・Where have all the flowers gone?・・・今後さらに何をなすべきなのか。そのような意識のもと企画、制作されたのが佐藤慎司・神吉宇一・奥野由紀子・三輪聖編著『ことばの教育と平和—争い・隔たり・不公正を乗り越えるための理論と実践—』である。本書は編者を含む 10 名の著者による熱のこもった言語教育の実践報告と平和構築のための考察である。序章を含め、全10 章に及ぶ様々な立場からの論考を全334 頁 (A5 版) に収めた論集である。序章に記された「大学で日本語を教えるという<u>日常の教育現場</u>において、(中略) 社会、世界をより<u>平和的なものにするために何ができるのか、戦争や争いを繰り返さないために</u>、またそれらを生み出す<u>不満や誤解、不平等を乗り越えていくためにはどのような後押しが可能なのか</u>について、<u>当事者として考え、行なってきた実践</u>」(p.25) (下線、本評者) を「クリティカルな視点」から考察したものである。

2. 本書の構成

　本書は、ピカソのゲルニカを思わせる表紙に始まる。序章にて全体的な課題と理論的枠組みを示し、それに続き、『第 1 部「ことばの教育と平和」考える編』、『第 2 部「ことばの教育と平和」取り組む編』の 2 部構成を取る。第 1 部に 3 章、第 2 部に 6 章を置き、さらに、随所に［コラム］を設け、専門用語等 (例：Byramの理論) の補足的解説が加えられている。どの章も最初のページには「(著者の) 一番伝えたいこと」「なぜこのような実践・研究をしようと思ったのか」という問いかけに対する回答が「です・ます」体で書かれており、テーマに対する「引き込み」や「当事者性」が増すよう工夫されている。また、いくつかの章の後には、著者と編者による「対談」も収められ、「お得感」が湧く。第 1 部と第 2 部の棲み

分け (実践研究であるかないか) は明瞭ではなく、どの章においても「考える」と「取り組む」が同居し、読者を「平和の能力」(p.137) 向上に導こうとする。ただ、「ことばの教育」は非常に多岐に渡り、「平和」はさらに膨大なテーマである。一巻の論集で全て片付けられるようなものではない。むしろ、この厄介な、しかし、等閑視できない課題に、著者全員がそれぞれの立ち位置から果敢に取り組んだ実践研究の報告と捉えるべきであろう。以下、まずは、全章のタイトルと著者を示す。

序章　平和を目指す言葉の教育の枠組みを考える　(佐藤慎司・神吉宇一・奥野由紀子・三輪聖)

第1部「ことばの教育と平和」考える編

第1章　シティズンシップとことばの学び：シリア出身の日本語学習者の語りから　(市嶋典子)

第2章　複数の文化・言語の中を生きる子供たちにとっての「日本語」の意味：平和な社会づくりを目指した「継承日本語教育」　(三輪聖)

第3章　コミュニケーション論から考える「ことばの教育と平和」：日本における英語の教育はいつまで「英語教育」でなければならないのか　(榎本剛士)

第2部「ことばの教育と平和」取り組む編

第4章　自らのコミュニケーションを振り返り、他者にかかわる：Facebookによる日米大学生の交流実践　(嶋津百代・佐藤慎司)

第5章　戦争当事国の学生と学ぶ貧困問題を題材としたことばの教育：批判的思考力と当事者意識の高まりに着目して　(奥野由紀子)

第6章　小さなクラスから平和を考える：「貧困」と「いのち」をテーマとした日本語授業の実践　(元田静)

第7章　ことばの教育と「歴史教育」：日本語で学び合うナチ時代の負の遺産、次世代につなげるための過去との対話　(村田裕美子)

第8章　日韓がともに生きるためのシティズンシップを育む：対話・交流型授業実践を通して　(森山新)

第9章　センシティブなトピックについて議論を重ねる：英語で実施される、交換留学生・学部正規生の混合クラス　(山本冴里)

3.　本書の理論的枠組み：序章

本書の編者でもある序章の著者らは、ことばの学びを通して、より良い社会やコミュニ

ティをつくり、人々の幸福実現 (つまり、平和な社会の実現) を助ける営みや唯一の正解を求めない、多様性を尊ぶことをことばの教育の目的とする。本書において頻繁に使用される「共生」「共存」「異文化理解」「自己実現」「自由の相互承認」「多様性」「当事者性」「対話」などの用語が示唆するように、まさしく、ローカル (個) でかつグローバル (社会) な「地球市民の育成」(p.24) を目指す。さらに、ことばの教育と平和の理論的枠組みとして 3 つの「流れ」<①未来志向のクリティカルペダゴジー、②民主的シティズンシップ教育、③ウェルフェア・リングイスティックス>を示し、従来の文法項目の指導、教授法、教室運営など、狭い枠組みを超える平和の構築を目標にした国内外におけることばの教育実践を目指す。

4. 各論：シティズンシップ、コミュニケーション、CLIL、対話

　本書は「ことばの教育」と「平和」に対する取り組みの「流れ」を枠組みとして制作された。ここでは、その「流れ」の核となる概念「シティズンシップ教育」「コミュニケーションと対話」「CLIL」などを軸に全章を横断的に見ていくことにする。

4.1 シティズンシップ教育

　一般にシティズンシップ (市民権) という用語は「ある共同体の完全な成員」とされ、「国民」、あるいは、「市民」の権利といったような使われ方をする。しかし、「平和の構築」を目指す本書の捉え方は異なる。従来のような国家的概念ではなく、"personhood" (人間性) に基づくものとして捉える。そこには国境越境性、メンバーシップの多重性、普遍的人権イデオロギーを含み、地位や国政などを示すのではなく、個々の<生>のための権利であり、同時に社会への「参加」が伴うという近年の見解をとる。とりわけ、第 1 章において市嶋 (以下、著者名は敬称略の名字のみで示す) は、シティズンシップを「個人と社会との関係の中で生成する権利」とし、シリア出身の日本語学習者アリ (仮名) との長期 (2011.3 – 2018.3) に及ぶインタビューにより、アリ個人の日本語の学びを通したシティズンシップ生成過程を示す。アリは「アラブの春」を機に勃発した 2011 年のシリア内紛の結果生じた大量の難民 (600 万人以上) の一人として国外移住を経験する。紆余曲折を経て最後の移住地となったスウェーデンでも疎外感は拭えないものの、日本人コミュニティーにおいては日本語の学習が続けられるだけでなく、「日本語のできる私」としてコミュニティーに受け入れられているという自信が生まれ、日本語使用者としてのシティズンシップにまで発展する。

　市嶋の研究はアリ一人のシティズンシップ生成に限られているが、一方、第 8 章におい

て森山は日本と韓国の間に存在し続けているわだかまりを解消すべく行った、10年に及ぶ日韓合同の大学生交流活動「国際交流セミナー」の実践が相互の「和解」が生まれるレベルにまで成長し、「日韓共生のための間文化的シティズンシップ教育」となったと報告している。森山の実践研究はバイラム (M. Byram) の間文化的シティズンシップ教育論やオルポート (G.W. Allport) の接触仮説などの理論的支えをもとに作成した綿密な活動計画に基づく。データの収集、分析、そして、考察など本書の一つの章として収めるにはあまりに密度が濃く、また、より詳細な説明も必要とするものであり、別途、単独の成果物としての公開が期待される。

　森山の研究は、言語教育において避けがちで「厄介な」政治的テーマを敢えて正面から取り上げ、日韓両サイドの学生が直接対話を行う環境を整えたという点でも賞賛に値する。センシティブなテーマは誰でも避けて通り、無難に授業を済ませたいところだが、それでは語学教育を通した「平和の構築」など表面的なものと帰す。それに関連して、第9章で山本は語学の教室だからこそセンシティブなテーマを扱うことが可能だとする実践研究を報告している。森山とはかなり規模の異なる「実践」に基づくものだが、一考に値する。

4.2　コミュニケーション、対話 (ミュンヘン、日米オンライン)

　第3章の榎本による「」(かっこ) 付きの「英語教育」批判はコミュニケーション論の根本を踏まえた論考である。メッセージ (情報) の伝達においてAという情報がそのままAとして受け手に伝わるとする考え方を「情報伝達モデル」と呼ぶ。「完結」した「情報」が「完結」した「送り手・受け手」の間で「完結」した情報 (記号) として伝達共有されるという考えである。しかし、そのようなことは無機質な物質の伝達ならあり得ても、人と人とのコミュニケーションにおいて妥当でないことは榎本のみならず、色々なところで指摘されており、ここで榎本はヤコブソン (R. Jacobson) の「六機能モデル」を援用した「出来事モデル」と称する新たな考えを提示する。「六機能モデル」と同様、伝達されるメッセージが生成する機能はコミュニケーションの行われるコンテクストにより異なり、コミュニケーションは決して終わることのない、それが生起する場面 (コンテクスト) との相互作用に加え、人間であるなら誰も避けられない「個人の脆さ」「関係性の壊れやすさ」「人の身体性」などを含み、最終決定性を欠いたプロセスとして理解されるものだとする。一方、明治以来、現代に至るまで、情報伝達モデルをもとに、「欠如態」である日本を、すでに「完結した」欧米に匹敵する新国家に仕上げるための教育手段として「英語教育」(さらに「国語教育」も) が進

められてきており、それは真の平和の構築につながるコミュニケーションを達成するものとは言えないと主張する。この「」付きの「英語教育」を「」から解放しようとするモデルがどう具現化できるのか、より詳しく知りたいところである。

　平和の構築にとって対話ほど大切なものはないことは、榎本のコミュニケーション論だけでなく、第4章の嶋津・佐藤の実践研究からも言える。嶋津・佐藤は日米の大学生間のオンライン交流で交わされた対話とその振り返りから平和な関係の構築と維持を追求した。日本側は日本語教師養成関連の科目受講生、一方、アメリカ側は日本語初級クラスの学習者であり、言語能力差は大きいものの、極力日本語を使用することが推奨されたが、結局は、英語、中国語など多様な言語使用も観察される状況であった。機械翻訳に頼ってでも日本語で通そうとするアメリカ側の学生に対し、無理をしてでも自分自身の日本語でコミュニケーションすることを勧める日本側の学生の思いや、活動の目的に「交流」か「学習」かの揺れが生じるなど、日米双方の学生に様々な気づきが生まれる結果となった。

4.3　内容言語統合型学習 (CLIL)

　コミュニカティブアプローチ、さらに、プロフィシェンシー志向のL2教育の根幹は、形式（文法）は意味あるコミュニケーションを達成するためにあるのであり、その逆ではないという考えである。それを徹底するとどのような言語学習も自然なコミュニケーション達成という背景のもとに行うべきだと言えよう。そのような考えのもと欧州で開発が進められてきたのが「内容言語統合型学習」（Content and Language Integrated Learning (CLIL)）である。

　第5章の奥野、第6章の元田、さらに第7章の村田は「内容」を学びながら「言語の習得」も同時に行うことを目指したCLILの実践研究を展開した。奥野と元田はどちらも「PEACE (Poverty, Education, Assistance in need, Cooperation & Communication, Environment) プロジェクト」と称する世界平和の構築を目標に「貧困からの脱却、教育、自立支援、協働と対話、環境保全」からテーマを選び、日本語学習と統合させるクラスを実践している。奥野は様々な母語背景からなる日本語学習者と日本語を母語とする日本人学生が混じった学部日本語科目 (受講生多数) において「貧困」をテーマに15回からなる一連の実践活動を行なった。ここで特筆すべきことは、履修留学生の一人ローサ (仮名) は当時内戦が勃発中の中東C国から来ており、彼女の存在により本授業の内容 (シエラレオネの貧困) の深刻さが増したことである。そのため、彼女に対してかなりの「気遣い」が必要になると同時に、問題に対

する「当事者性」が芽生え、それが授業活動を大きく活性化させたとのことである。中盤を過ぎた頃の授業において世界で一番平均寿命が短い国シエラレオネに対する支援活動、国際支援のあり方が取り上げられた。シエラレオネでは勃発した内戦によって、それまでは豊かだった状況が一変して貧困に陥ったことが分かり、同様のことがローサの出身国Cでもまさに起きている最中、彼女は当事者として自国の様子を「客観的にまた公平な視点」でクラスメートに語ることにしたという。内紛と貧困との関係も決して単純なものではなく、複合的に繋がっていることなど、受講生にCLILの目指す「クリティカルな目で考察する力」が育ったことも収穫であったようだ。

　第6章の元田は、奥野とは異なり、日本語能力差が大きい上に、出欠も定まらない二人だけの学部留学生のみの授業となり、計画的に授業を進めることが困難であったようだ。しかし、少人数の授業であっただけにそれぞれの学生のことがよく分かり、また、学生同士の話し合いも活発で、一方的な誤解も解けるなど、授業の成果が得られたという。「貧困」と「いのち」をテーマとしたCLILが行われ、内容のみならず、言語の学習、思考、協学・異文化理解も達成でき、「小さなクラス」から平和を考えることができたという。平和はどのような小さなクラスからも生まれるということを示唆している。

　第7章の村田の実践研究は、資料を介した「過去」「未来」、そして、地域住民との対話を重視したものである。所はナチス宣言が行われたミュンヘン。また、「白バラ運動」と称されるナチスに対するミュンヘン大学の学生による抵抗運動も起き、ナチによる弾圧の結果、教員を含む学生の処刑も行われた歴史的な場所である。また、村田が属するミュンヘン大学日本学科では日本の歴史のみならず、自国（ドイツ）の歴史について、日本語で説明できることが重視されている。そのため村田は、中級、上級の日本語学習者に加え、中国からの留学生、さらに、日本からの交換留学生（日本人）も交えた母語話者、非母語話者、さらに日本語レベルの差のある混合クラス「Vortrag und Diskussion（発表と議論）」にて「白バラ運動」を題材にしたCLILを展開することになった。教室内の活動に加え、資料館の訪問、専門家からも指導を受ける極めて総合的な「内容言語統合型」の学習である。教師の役割は語学及びアカデミックスキル、特にプレゼンテーションなどの指導に重きをおくものとなった。学生にとっては、中等教育において学んだ歴史の学び直しではなく、ミュンヘン大学でなければ学べない、自文化に対する深い理解と説明力が得られたという。

4.4　出自言語・継承語

　最後に第2章は、第7章の村田同様、ドイツにて長年日本語教育に従事してきた三輪の報告である。三輪には日本語を継承語とする子息がある。また、彼女自身、小学3年次に親の都合でドイツに移り住んだ経験があり、その頃から海外における継承語教育への関心が生まれたようである。ドイツには移民の背景をもつ人が2020年時点で全人口の24％を占め、さらに2015年には30万人以上の難民を受け入れ、ドイツ語力や学習能力の不足による子供たちの教育問題が深刻なものとなっているという。そのような現状における取り組みとして継承語教育に相当する「出自言語教育」が制度化されていること、また、ドイツで教育全般の基盤となっている「相互文化能力を育む教育」や「政治教育／民主主義教育」の理念と実践は非常に興味深く、また、示唆に富む。

　海外における日本語の継承語教育は児童の母国への「帰国」に伴う「再適応」を目標にし、日本における「国語」を照準にすることが多い。日本政府から支給される国語などの教科書を使って指導が行われるわけである。しかし、人々の移動の激しい昨今の世界情勢にとって、果たしてそれが妥当な在り方かは大変疑わしくなっている。同様、ドイツの「出自言語教育」においても、当初は、児童の出自国への復帰を前提としたものであったが、今はむしろ、CEFRの理念にしたがう複言語・複文化主義に基づき、ドイツでの生活環境と出自国での生活環境、ドイツ社会における移民・移住者としての生活環境の間を越境し、行き来しながら生活の送れる「相互文化的能力」を向上させ、「文化的仲介者」として世界の平和構築に貢献する子供の育成を目指しているとのことである。授業科目として設置されている「政治教育」も生徒自身を取り巻く現実的な問題にどう取り組むかを公平に議論し、かつ、問題解決のために行動に移すことも行われるという。（他者を）圧倒することを禁じ、論争のあるものは論争のあるものとして扱い、個々の生徒の利害関心を重視する民主的シティズンシップ教育の基盤となっているようだ。

　三輪はさらに家庭における継承語日本語教育の実践例として、『わたし語ポートフォリオ』を紹介している。そこでは、CEFRの理念に基づき、母語話者や母文化保持者を理想的なモデルにしない、主体的に行動する「社会的存在」として、部分的であっても子ども達の得意なことを大切にし、「できる」ことを積極的に評価していくことで「わたしのことば」を育むことを目指す。出自言語教育であれ、継承日本語教育であれ、自己肯定感が感じられる場の提供が大切だと訴える。ひいてはそれが人と人を繋ぎ、人と社会を関係づけたりすることで、平和な人間関係を築き、平和な社会を形成することが可能になるのではなかろうか

とまとめる。

5. クリティカル・レビュー

　編者の一人奥野は出身大学のモットーが *Pax Mundi Per Linguas*（言語を通して平和を）であることに触れている。実は、本評者は彼女が在学中そこで教鞭をとっており、そのモットーも熟知していたが、果たしてそれはどうやって可能なのかと自問しながら、今日に至っている。本書は、いわば、そのような永遠の課題を未回答のまま置き去りにせず、民主的シティズンシップの構築を核に据えた「言語平和論」を著者全員がそれぞれ置かれた「現場」から実践研究という形で展開したものと言えよう。本書におけるキーワードの一つである「当事者性」が読者にも伝わることを願う。とりわけ、本書は大学レベルを射程にしているが、初等・中等教育、あるいは、社会教育レベルはどうなのだろう。言語も日本語、英語、韓国語などに限られたが、聴覚に障害を持つ人達とのコミュニケーション手段としての手話言語の教育はどうなのか、さらに追求したいものだ。

　また、本書は、一旦、言語自体の観察・分析・教育から離れ、より大きな社会的文脈において言語教育が平和の構築へとつながる方法を模索した。しかし、ことば、とりわけ、L2 の教育には Cook (2008) が「duality of language learning」（言語学習の二重性）と称する宿命的な特性を無視してまで「内容」（社会的課題）に固執することが可能なのだろうか。ことばは「内容把握のための道具」であると同時にことば自体が「内容」（学習対象）そのものになり得るという事実である。L2 能力が低ければ低いほど、L2 自体が学習目標になり、その L2 でもって社会問題などを把握したくても「歯がたたない」ことは誰しも経験することである。CLIL は内容把握と言語学習を同時に行うことを目指すが、場合によっては、どっちつかずに陥ってしまわないか。言語学習を意識することなく、内容（例えば、歴史、政治）の学習を行うことに徹する方が真の平和構築の方法も追求しやすいとも言える。言語能力の弱さのために中途半端な平和論しか展開できないようなら、むしろ、AI による「翻訳」を頼りに議論を深める方が実質的な成果が得られるのかもしれない。新しい外国語教育の旗印でもある「21 世紀の外国語学習スタンダード」（ACTFL 1999）や本書の論考が強く拠り所としている「ヨーロッパ言語共通参照枠」（Council of Europe 2001）は「内容」のみを重んじて「言語形式」の学習を軽んじるものではない。「個」の中に民主的シティズンシップが芽生えない限り、「世界」の平和はありえないのと同様に、「ことば」それ自体を「平和構築」につなげない限り、「ことばの教育」と「平和」も語れないであろう。クリティカルなもの

の見方の重要性について榎本が本書第3章にて語った「批判は自らが批判の対象となることを特権的に免れるものではない」(p.124) ことと共通する問題であろう。

　最後に、本書は随所に読者を惹きつける工夫がなされているが、インデックスが作られていない点や、第3章 (榎本)や第8章 (森山) には言語文化論を専門としない読者を意識した説明がさらに必要であることを指摘したい。また、望ましくは「平和学」からの論考も1章を設けるなどして、理論的枠組みの「流れ」に加えていただきたかった。本書は学部ゼミ、あるいは、大学院レベルの授業の資料としてより深く問題を追求するのに適している。ことばの教育を通して平和構築の道がさらに拓けることを願って本書評を閉じる。

付記

本研究は科学研究費補助金基盤研究 (C)(課題番号19K00750) の助成を受けて行った。

参考文献

オルポート、G. W. (1968). 原谷達夫・野村昭 (訳)『偏見の心理』培風館. [Allport, G. W. (1954). *The Nature of Prejudice*. Addison-Wesley.]

バイラム、マイケル (2015). 細川秀雄 (監修). 山田悦子・吉村由美子 (訳)『相互文化能力を育む外国語教育―グローバル時代の市民性形成をめざして』大修館書店. [Byram, M. (2008). *From Foreign Language Education to Education for Intercultural Citizenship*. Multilingual Matters.]

ACTFL (1999). Standards for Foreign Language Learning in the 21st Century. (「21世紀の外国語学習スタンダード」)

Cook, V. J. eds. (2008). *Second Language Learning and Language Teaching,* (4th ed.) Hodder Education.

Council of Europe (2001). *Common European Framework of Reference for Languages: Learning, Teaching, Assessment*. Cambridge University Press.

Jacobson, R. (1960). Closing Statement: Linguistics and Poetics. In T. A. Sebeok (Ed). *Style in Language*, 350-377. MIT Press.

彙報

事 務 局

◆ 2023 年度活動報告

(1) 研究大会 (詳細は下記事業委員会報告をご覧ください)

2023 年度研究大会を下記の通り開催した。

日時：2023 年 8 月 8 日〜 9 日

会場：京都外国語大学

形式：ハイブリッド開催

テーマ：「インターアクション教育をよりインターアクティブにするには」

参加者：約 80 名

(2) 合同研究集会

2023 年度も日本語音声コミュニケーション学会と合同研究集会を開催した。

日時：2023 年 10 月 8 日 (日)10:00 〜 12:00

会場：貸会議室　喫茶部ガレージ (兵庫県西宮市)

形式：ハイブリッド開催

(3) 会員活動

活動：「多様な時代において自己を表現するワークショップ」

会員：日本語プロフィシェンシー研究学会なかよしグループ (中井好男、高智子、荻田
　　　朋子、津坂朋宏)

日時：2024 年 3 月 30 日 (土)

会場：関西学院大学梅田キャンパス

◆ 2024 年度活動計画

2024 年度研究大会を以下のとおり開催する予定である。

日時：2024 年 8 月 8 日〜 9 日

会場：関西学院大学梅田キャンパス　ハイブリッド開催

テーマ：「 4 技能のプロフィシェンシー」

事業委員会

◆ 2023 年度研究大会

「インターアクション教育をよりインターアクティブにするには」

日時：2023 年 8 月 8 日 (火) ～ 9 日 (水)

場所：京都外国語大学 4 号館、ならびに、オンラインによるハイブリッド形式

▼プログラム （敬称略）

〈1 日目〉

13:00 ～ 13:10　会長挨拶　由井紀久子

13:10 ～ 15:10　講演・ワークショップ【ハイブリッド形式】
  ・講師：中井陽子 (東京外国語大学)
  「インターアクション教育をよりインターアクティブにするための研究と実践の広がり―教師と学習者にできること―」

15:25 ～ 17:25　研究発表【会場のみ】
  ・後藤多恵 (京都先端科学大学)「CLD 児への文字指導におけるプロフィシェンシーの観点の有効性－ 3 年間のオンラインによる日本語指導の記録から－」
  ・岡本絹子 (立命館大学)・阪上彩子 (奈良教育大学)「学部留学生向けディベート教材開発と受講者評価」
  ・堀野善康 (京都外国語大学)「地域日本語教室のおしゃべり活動におけるファシリテーターの役割の考察－談話分析とアクション・リサーチを基にした「実践研究」を通して－」
  ・尾沼玄也 (拓殖大学)・佐々木良造 (静岡大学)・ウィパーウィー・シースラパーノン (サイアム大学)・ルフィ・ワヒダティ (ガジャ・マダ大学)「中上級学習者による多読学習材の主観的難易度評価と日本語文章難易度判定システムの結果の比較―学習者の選書をサポートするために―」
  ・梅林佑美 (京都外国語大学)「韓国語を母語とする日本語学習者の「ニ」の不自然さの要因―助詞에 (ニ)・를 (ヲ)・에를 (ニヲ) の発話データ調査から―」
  ・岩井智重 (東京福祉大学)「ビジネス日本語授業における CLIL の効果の検証―口頭能力向上を目指して―」
  ・中井好男 (大阪大学)・高智子 (国際交流基金関西国際センター)・北川幸子 (東洋大学)・津坂朋宏 (東京福祉大学)・荻田朋子 (関西学院大学)・鎌田修 (南山大学)「自己紹介に求められるプロフィシェンシィーとは ― 当事者と非当事者による協働オートエスノグラフィをもとに―」
  ・Dina GRIB (名古屋大学)「インターアクション能力育成における日本語学習アプリケーションの機能分析」

〈2 日目〉

9:30 ～ 10:30　オンデマンド発表【ハイブリッド形式】
  ・滝井未来 (滋賀大学)・髙橋千代枝 (弘前大学)「ことばの教育現場における「二項対立」の解消は可能か―日本語を初めて学ぶウクライナ学生の社会参加までの事例―」
  ・吉村有弘 (放送大学)・浅井紀久夫 (放送大学)「JLPT 課題理解の発話速度と日本語

　　スピーチの評価」
　・由井紀久子（京都外国語大学）・嶋田和子（アクラス日本語教育研究所）・鎌田修（南
　　山大学）・坂本正（名古屋外国語大学）・坂口昌子（京都外国語大学）・白鳥文子（京
　　都外国語大学）・村上正行（大阪大学）「JOPT-A/B/C/K：個から社会への橋渡しを担う
　　新しい口頭能力テスト」
　・池田隆介（北九州市立大学）「授業「日本事情」における留学生・日本人学生の共同
　　学習の試みと効果─環境工学系学部におけるケーススタディ─」
10:45 ～ 12:15　　OPI ブラッシュアップセッション【ハイブリッド形式】
　・講師：三浦謙一（フランクリン＆マーシャル大学）
12:15 ～ 12:25　　事務連絡
12:30 ～ 13:00　　総会

学会誌編集委員会

・『日本語プロフィシェンシー研究』第 12 号　投稿状況
　『日本語プロフィシェンシー研究』第 12 号（本号）は、2023 年 9 月 3 日に投稿の受付を
　締め切りました。最終的に 7 本の投稿（研究論文 5 本、研究ノート 2 本）があり、そ
　のうち 3 本が採用となりました（内、研究ノートの 1 本は査読を経た後、ページ数の
　規定等で寄稿扱いとなりました）。この 3 本に加え、「日本語を聴き解く力のために」
　をテーマとする特集論文 4 本、書評 1 本が寄せられ、全体で 8 本の論文数となりまし
　た。
・『日本語プロフィシェンシー研究』第 13 号投稿論文の募集について
　日本語プロフィシェンシー研究学会では、学会誌『日本語プロフィシェンシー研究』
　第 13 号を 2025 年 7 月に発行する予定です。第 13 号の投稿論文の受付は、9 月 1 日（日）
　までです。第 13 号の投稿要項、投稿手続きの詳細等は、8 月 10 日以降に当学会ウェ
　ブサイトの編集委員会のページをご確認ください。それ以前であっても、第 11 号の
　投稿要項やバックナンバーの論文タイトルを確認することができます。参考情報とし
　てご利用ください。ふるってのご応募をお待ちしております。
・『日本語プロフィシェンシー研究』第 12 号の配布について
　日本語プロフィシェンシー研究学会では、会費を納入した年度より、年次大会での発
　表応募や学会誌『日本語プロフィシェンシー研究』への投稿ができます。また、会費
　を納入した翌年度に発行される学会誌を 1 冊お受け取りいただけます。

会計

　2023 年度の会計支出は、当研究学会の運営費用、研究例会開催費用、ジャーナル発行・送付費用等でした (詳細報告は 2024 年 4 月総会で行いました)。当研究学会では会員様からの年会費を活動資金とさせていただいております。ご理解を賜り、年会費納入にご協力くださいますようお願いいたします。

● 会費納入方法
年会費：3000 円 (4 月始まりの 1 年間)
口座：三菱 UFJ 銀行　八戸ノ里支店　店番 236
ニホンゴプロフイシエンシーケンキユウガツカイ　サカウエアヤコ
(日本語プロフィシェンシー研究学会　阪上彩子)
口座番号：0032175

お振込の際、以下のような場合は、お手数ですが、kaikei@proficiency.jp までご連絡ください。
　(1) 振込人 (引落口座) のお名前がご本人と異なる場合
　(2) 領収書が必要な場合

年会費の支払い状況についてご不明の場合は、kaiin@proficiency.jp までお問い合わせください。

『日本語プロフィシェンシー研究』バックナンバー

『日本語プロフィシェンシー研究』 創刊号
【寄稿】
鎌田修　「プロフィシェンシーとは」
嶋田和子　「教師教育とプロフィシェンシー
　　　　　　―OPI を「教師力アップ」にいかす―」
伊東祐郎　「評価とプロフィシェンシー」
由井紀久子「ライティングのプロフィシェンシー向上を目指した日本語教育教材」
川口義一　「プロフィシェンシーと対話
　　　　　　―プロフィシェンシー言語教育における教室の位置づけ」
齊藤あづさ・榊原芳美
　　　　　　「短期留学における自律学習と協働学習の試み
　　　　　　　―笑顔と達成感をめざして―」
【研究論文】
坂口昌子　「日本語母語話者に対する日本語教育
　　　　　　―話すことに関しての教育効果―」
【展望論文】
麻生迪子　「処理水準仮説に基づく未知語語彙学習
　　　　　　―韓国人日本語学習者を対象に―」
【調査報告・展望論文】
萩原孝恵　「依頼場面の談話分析
　　　　　　―タイ人日本語学習者は借りた DVD の返却日をどう延ばすか―」
【実践報告】
木村かおり「多文化社会における異文化間言語学習能力を考える
　　　　　　―おにぎりプロジェクトをとおして―」

『日本語プロフィシェンシー研究』 第2号
【特集】
野山広　「地域日本語教育とプロフィシェンシー」
野山広・森本郁代
　　　　　「地域に定住する外国人に対する OPI の枠組みを活用した縦断調査の調査か
　　　　　らみえてきたこと
　　　　　　―多人数による話し合い場面構築の可能性を探りながら―」
嶋田和子　「定住外国人に対する縦断調査で見えてきたこと
　　　　　　―OPI を通して「自らの声を発すること」をめざす―」
岡田達也　「基礎2級技能検定学科試験問題 "テニヲハ" ノート」

櫻井千穂・中島和子
　　　　　「多文化多言語環境に育つ子ども（CLD 児）の読書力をどう捉え，どう育てるか
　　　　　　―対話型読書力評価（DRA）の開発を通して得た視座を中心に―」
新矢麻紀子「定住外国人のリテラシー獲得に向けた学習支援とプロフィシェンシー」
【書評】
堤良一　　「趣旨説明：プロフィシェンシーを重視したテキスト」
白石佳和　「cannot-do から can-do へ　―『できる日本語』と評価―」
佐久間みのり「『できる日本語』を通じた日本語学校における教室活動の再考
　　　　　　―プロフィシェンシーを重視した日本語教育現場の新たな可能性―」
奥野由紀子「『新・生きた素材で学ぶ中級から上級への日本語』
　　　　　　―実際の使用とワークブックの開発まで」
一条初枝　「『「大学生」になるための日本語』は何を教えたか
　　　　　　―日本語学校の現場から―」

『日本語プロフィシェンシー研究　第3号』
【研究論文】
権藤早千葉・花田敦子
　　　　　「日本語予備教育における定期的 OPI 実施が学習動機に与える影響
　　　　　　―学習者の発話データを基に―」
金庭久美子・金蘭美
　　　　　「書き言葉の資料に見られる読み手配慮と文化的能力」
【研究ノート】
奥野由紀子・山森理恵
　　　　　「「励まし」の手紙文における文末文体への教室指導
　　　　　　―「タスク中心の教授法 (TBLT)」の観点を取り入れて―」
太田悠紀子「「ちょっと…」の機能と断り指導」

『日本語プロフィシェンシー研究　第4号』
【研究論文】
萩原孝恵・池谷清美
　　　　　「集中的に舌打ちを発したタイ人日本語学習者の発話に関する一考察」
滝井未来　「学習者の語りを通じて見る学習意欲とビリーフ変容
　　　　　　―タイ人学習者を取り巻く社会との関わりから―」
范一楠　　「情報獲得の際の「そうですか」と「そうなんですか」」
村田晶子　「社会的行為としての OPI インタビュー活動の可能性」
高橋千代枝「日本語の発話行為「助言」の談話構造に関する一考察
　　　　　　―母語話者ロールプレイの会話分析から―」
麻生迪子　「多義語派生義理解の知識源に関する考察
　　　　　　―韓国人日本語学習者を対象に―」
伊東克洋　「非直接的フィードバックと自己訂正率
　　　　　　―初級日本語学習者によるコーパス分析の可能性―」

【研究ノート】
西部由佳・岩佐詩子・金庭久美子・萩原孝恵・水上由美・奥村圭子
　　　　　「OPI における話題転換の方法
　　　　　　　―上級話者と中級話者に対するテスターの関わり方に着目して―」
安髙紀子　「対話者とのやりとりの有無が談話構造に与える影響」
宮永愛子　「日本語学習者の雑談における協働的な語り
　　　　　　　―効果的な語りを行うために―」
【第 10 回国際 OPI シンポジウム】
パネルディスカッション　＜日本語教育に求められる多様なつながり＞
　　　　　鎌田修・春原憲一郎・定延利之・嶋田和子・大津由紀雄・當作靖彦
　　　　　研究発表要旨

『日本語プロフィシェンシー研究』　第 5 号
【寄稿論文】
山梨正明　「認知言語学と知の探求　―言語科学の新展開！―」
清水崇文　「語用論研究の知見に基づいたコミュニケーションスキルの指導」
山森理絵・鎌田修
　　　　　「生素材の教材化、その楽しさと苦しさ―リスニング教材の作成を一例に―」
【研究論文】
嶋田和子　「スクリプトで評価すること」から見る言語教育観
　　　　　　　―「話の組み立て」と「文」のとらえ方―」
【JALP・「面白い話」研究プロジェクト共同開催】
　　　　　「プロフィシェンシーと語りの面白さ」第 2 回研究集会
　　　　　定延利之・岩本和子・楯岡求美・林良子・金田純平・Gøran Vaage・三井久美
　　　　　子・鎌田修

『日本語プロフィシェンシー研究』　第 6 号
【寄稿論文】
鎌田修　　「新生日本語プロフィシェンシー研究学会
　　　　　　　―その成り立ちと今後に寄せる期待―」
嶋田和子　「アブディン氏との OPI を通して学んだこと
　　　　　　　―見えるからこそ見えていない「大切なこと」―」
森篤嗣　　「日本語能力の評価と測定
　　　　　　　―作文におけるパフォーマンス評価と質的評価・量的測定を例に―」
【研究論文】
木下謙朗　「形容表現におけるプロフィシェンシー
　　　　　　　―韓国語母語話者の縦断データに基づいて―」
大隈紀子・堀恵子「上・超級話者の発話を引き出すための談話展開と効果的な質問」
【JALP　これまでのあゆみ】
鎌田修・藤川多津子・岡田達也・服部和子・嶋田和子・和泉元千春
【2017 年度日本語プロフィシェンシー研究学会第 3 回例会　春合宿（京都嵐山「花のいえ」）

研究発表要旨】
富岡史子・長谷川由香・東健太郎・舟橋宏代・渡辺祥子

『日本語プロフィシェンシー研究』 第7号

【寄稿論文】
坂本正　　　　　「初級日本語教科書の練習問題をめぐって」
【研究論文】
李在鎬・伊東祐郎・鎌田修・坂本正・嶋田和子・西川寛之・野山広・六川雅彦・
由井紀久子　　　「日本語口語能力テスト「JOPT」開発と予備調査」
金庭久美子・村田裕美子
　　　　　　　　「「問い合わせ」のメール文におけるドイツ語母語話者の使用状況」
【調査報告】
濱畑靜香・持田祐美子
　　　　　　　　「質問意図からみる「どう・どんな質問」の効果的な発話抽出方法の提案
　　　　　　　　　―OPI テスター訓練生のインタビューから―」
【研究ノート】
矢野和歌子　　　「中国語母語話者及び韓国語母語話者の引用表現の習得
　　　　　　　　　―発話コーパス『C-JAS』に基づく縦断的研究」
【日本語プロフィシェンシー研究学会、日本語音声コミュニケーション学会、文部科学
省科研費プロジェクト基盤 B「対話合成実験に基づく、話の面白さが生きる「間」の研究」
共同開催研究大会「面白い話と間、プロフィシェンシー」研究発表要旨】
林良子・宿利由希子・ヴォーゲ ヨーラン・羅希・定延利之・仁科陽江・岩崎典子・
五十嵐小優粒
【2018 年度日本語プロフィシェンシー研究学会第 3 回例会　春合宿（柳川温泉かんぽの宿）
研究発表要旨】
山辺真理子・小原寿美・S.M.D.T. ランブクピティヤ・溝部エリ子・小山宣子・立部文崇・
鎌田修・由井紀久子・廣澤周一・池田隆介・定延利之

『日本語プロフィシェンシー研究』 第8号

【日本語プロフィシェンシー研究学会 2019 年度第 1 回例会　発表論文】
岩﨑典子　　　　「日本語プロフィシェンシーとオノマトペ―ジャンル別プロフィシェン
　　　　　　　　　シーへの提言―」
小玉安恵　　　　「アメリカの日本語学習者の面白い話の分析―話の構造と評価という観
　　　　　　　　　点から見る学習者のナラティブの課題と変化―」
【日本語プロフィシェンシー研究学会・日本語音声コミュニケーション学会 第 2 回合同
大会　発表論文】日本語プロフィシェンシー研究学会・日本語音声コミュニケーション
学会 第 2 回合同大会（通称「おもしろうてやがて非流ちょうな京都かな」）プログラム
アンディニ プトリ・松田真希子
　　　　　　　　「日本語学習者の面白い話はどう面白いのか―マルチモーダル・コミュ
　　　　　　　　　ニケーションの観点からの分析―」
定延利之　　　　「自立性が無い日本語「接ぎ穂発話」の意味―語用論」

伊藤亜紀	「教科書で教えられない発話末形式―日本語母語話者と日本語学習者の発話末を観察して―」
秋廣尚恵	「フランス語の談話標識と（非）流暢性」

【日本語プロフィシェンシー研究学会・日本語音声コミュニケーション学会 第2回合同大会　シンポジウム要旨】シンポジウム「文未満の非流ちょう性」

ロコバント靖子 講演：多言語失語症者の夫とのゴツゴツ会話の 15 年

【依頼論文】

西川寛之・Vu Dinh sam
　　　　　　「医療現場における日越コミュニケーションの比較―臨床場面の録画データから（採決場面）―」

『日本語プロフィシェンシー研究』　第 9 号

【寄稿論文】

尹智鉉	「オンライン授業で育てる日本語のプロフィシェンシー　―「Beyond COVID19」を見据えて―」
松田真希子	「「生きたことば」の主体的使い手としてのプロフィシェンシー　―日本語継承語話者のことばの使用から見えるもの―」

【研究論文】

西村美保	「多文化共生社会における母語話者のプロフィシェンシー　―接触場面で必要となるコミュニケーション能力の構成要素―」
堀恵子	「「きっかけ談話」の OPI における有効性と応用　―学習者と母語話者のコーパス調査から―」

【調査報告】

世良時子	「コンピューターによる口頭能力測定　―OPIc 受験者への質問紙調査、OPI との比較を用いた分析から―」

【書評】

鎌田修	『自然会話分析への語用論的アプローチ　―BTSJ コーパスを利用して―』

『日本語プロフィシェンシー研究』　第 10 号

【巻頭言】

鎌田修	「プロフィシェンシー研究のこれから　―さらに多元的・多角的視野に立つプロフィシェンシー研究を目指して―」

【調査報告】

稗田奈津江	「「勧誘内容」の違いが断りの意味公式に与える影響　―日本語母語話者とマレー語母語話者の比較 ―」

【研究ノート】

森川結花	「学習者を対話に誘う日本文化紹介動画教材作成の試み」

『日本語プロフィシェンシー研究』 第11号

【特集】日本語を読み解く力のために

学会誌編集委員会　まえがき

ARAI Yuya　"Reading with the flow: Perceived text difficulty and motivation to read in L2 Japanese"

纐纈憲子　「多読の力：読みのプロフィシェンシーを超えて」

熊谷由理　「クリティカルリテラシーの観点から「読み」教育について考える」

脇田里子　「大学図書館電子書籍による読書教育実践」

【研究論文】

堀恵子・安高紀子・大隅紀子・ケッチャム千香子・長松谷有紀・長谷川由香
　「OPI形式の会話コーパスに基づく質問分類―学習者の質問力向上を目指す基礎的研究―」

大工原勇人　「文字言語における「まあ」の接続詞的用法の分析」

王凱男　「自然会話におけるフィラー使用の男女差―大学生の使用実態を中心に―」

近藤めぐみ　「品詞、語種の構成率から見た非母語話者、母語話者児童向けに「調整された日本語」の語彙と文体の特徴」

―日本語プロフィシェンシー研究学会　2023 年度役員・委員―

会長　　　　　　由井紀久子
副会長　　　　　池田隆介
事務局長　　　　東健太郎
副事務局長　　　尾沼玄也
監査　　　　　　廣利正代

学会誌編集委員会
浜田盛男 (委員長)　住田哲郎 (副委員長)　立部文崇　長谷川哲子　伊藤亜紀
北川幸子　野畑理佳

『日本語プロフィシェンシー研究』第 11 号査読者（五十音順）
和泉元千春　磯村一弘　岩﨑典子　宇佐美まゆみ　鎌田修　金蘭美　熊谷由理
宿利由希子　世良時子　西川寛之　西村美保　松下達彦　柳朱燕

事業委員会
阪上彩子 (委員長)　白鳥文子 (副委員長)　上谷崇之　三井久美子　范一楠　森川結花

事務局
高智子 (会計)　笠井陽介 (会計)　廣澤周一 (広報)　岡本拓 (広報)

【編集後記】

　ここに『日本語プロフィシェンシー研究』第 12 号を無事発行することができ、編集委員一同安堵しております。これもひとえに、会員の皆さま、執筆者の皆さま、査読を担当してくださった皆さま、その他多くの関係者の皆さまのご協力とご支援の賜物と感謝しております。

　本号の特集は、第 11 号の特集テーマ「読み解く力」に続き、受容面の能力を取り上げ「聴き解く力」をテーマとし、論文 4 本を収録しています。これに投稿論文 2 本と寄稿論文 2 本が加わり、全体としては 8 本を掲載することができました。

　2024 年度 JALP 年次研究大会のテーマが「四技能のプロフィシェンシー」であり、本号特集テーマとも関連する講演が予定されているところ、相乗効果と内容の深化が期待されます。

　なお、8 月の年次大会をもって、浜田、立部、長谷川の 3 名は任期満了に伴い編集委員を退任いたします。これまでのご厚情に感謝いたします。年次大会後には新しい編集委員 4 名を迎え、8 名体制で第 13 号以降の編集作業に取り組むことになっています。引き続き、会員の皆さま、関係者の皆さまのご支援とご協力をよろしくお願いいたします。

　第 13 号では「生成 AI と日本語教育」というテーマで特集を組む予定です。どうぞご期待ください。

(JALP 学会誌編集委員会編集委員一同)

日本語プロフィシェンシー研究　第 12 号

2024 年 7 月 15 日　初版第 1 刷　発行

編集　　日本語プロフィシェンシー研究学会学会誌編集委員会
　　　　（編集委員長　浜田盛男）

発行　　日本語プロフィシェンシー研究学会　事務局
　　　　〒 598-0093　大阪府泉南郡田尻町りんくうポート北 3-14
　　　　国際交流基金　関西国際センター　東健太郎

発売　　株式会社凡人社
　　　　〒 102-0093 東京都千代田区平河町 1-3-13
　　　　TEL：03-3263-3959

印刷　　倉敷印刷株式会社

ISBN 978-4-86746-035-1
©2024 Japanese Association of Language Proficiency
Printed in Japan